A*t*V

CHRISTFRIED TÖGEL, geboren 1953 in Leipzig; Studium der Klinischen Psychologie und Philosophie an der Humboldt-Universität zu Berlin, Promotion und Habilitation zur Traumforschung bzw. zur Geschichte der Psychoanalyse; 1992/93 Supervisor der Erfassung und Neuordnung des »Sigmund Freud-Haus Archivs« Wien, 1994 Erfassung der Archivbestände des Freud Museum London, seit 2000 Leiter des Sigmund-Freud-Zentrums in Uchtspringe, seit 2004 Direktor des SALUS-Instituts für Trendforschung und Therapieevaluation in Mental Health in Magdeburg.

Publikationen im Aufbau-Verlag: Sigmund Freud, Unser Herz zeigt nach dem Süden. Reisebriefe 1895–1923 (2002, Tb 2003); Anna Freud-Bernays, Eine Wienerin in New York. Die Erinnerungen der Schwester Sigmund Freuds (2004, Tb 2006); Freud für Eilige (Tb 2005); Lilly Freud-Marlé, Mein Onkel Sigmund Freud. Erinnerungen an eine große Familie (2006).

Schon in jungen Jahren fühlte sich Freud von der Vitalität der deutschen Hauptstadt angezogen. Als angehender Arzt für Neurologie wenig beeindruckt von den einschlägigen Berliner Kapazitäten, kehrte er nach vielen Jahren als Berühmtheit zurück. Inzwischen hatte sich Berlin zu einem bedeutenden Zentrum der Psychoanalyse entwickelt, und Freud hielt sich wiederholt bei seinen Kollegen, Mitstreitern und Schülern auf. Auch lebten seine Schwester Maria sowie die Söhne Ernst und Oliver mit ihren Familien hier. Berlin lag zudem auf dem Weg nach Hamburg, wohin er einst zu seiner Verlobten und späteren Frau Martha gefahren war und wo er schließlich als Familienvater seine mit einem Hamburger Fotografen verheiratete Tochter Sophie besuchte.

Christfried Tögel

Freud und Berlin

Aufbau Taschenbuch Verlag

Mit 37 Abbildungen

ISBN-10: 3-7466-2188-7
ISBN-13: 978-3-7466-2188-3

1. Auflage 2006
© Aufbau Taschenbuch Verlag GmbH, Berlin 2006
Für die Freud-Texte © A. W. Freud at al by arrangement
with Paterson Marsh Ltd. and Sigmund Freud Copyrights
Umschlaggestaltung Dagmar & Torsten Lemme
unter Verwendung eines Fotos von 1928:
Freud in Berlin-Tegel
© Freud Museum London
Druck und Binden Ebner & Spiegel, Ulm
Printed in Germany

www.aufbau-taschenbuch.de

Inhalt

ANHANG

Vorwort

In keiner Stadt mit Ausnahme Wiens und Londons hat
Freud so viel Zeit verbracht wie in Berlin. Sein erster Eindruck stammt von einer nächtlichen Droschkenfahrt
Ende September 1884, als er auf der Rückreise von einem
Besuch bei seiner Verlobten Martha Bernays in Hamburg
ein paar Stunden in der deutschen Hauptstadt Station
machte.

Knapp zehn Jahre früher, noch als Student, hatte sich
Freud mit dem Gedanken getragen, das Wintersemester
1875/76 in Berlin zu verbringen, um Hermann von
Helmholtz, Emil Du Bois-Reymond und Rudolf Virchow zu hören.[1] Daraus wurde nichts, und erst im Frühjahr 1886 reiste er wieder an die Spree, diesmal zu einem
ersten längeren Aufenthalt. Er schloß sich an seine Pariser Zeit bei Jean-Martin Charcot an, und der Vergleich
mit Berliner Psychiatern ließ ihn erkennen, wie weit
Charcot seinen deutschen Kollegen voraus war.

In den folgenden Jahren war es der Hals-Nasen-
Ohren-Arzt Wilhelm Fließ, der sein wichtigster wissen-
schaftlicher Gesprächspartner wurde und den er von Zeit
zu Zeit in Berlin besuchte. Nach der Übersiedlung seiner
Schwester Maria (Mitzi) und der Etablierung der Berliner psychoanalytischen Gruppe um Karl Abraham hat
Freud immer wieder private und organisatorische Anlässe genutzt, um Berlin einen Besuch abzustatten.

Die drei letzten Aufenthalte zwischen 1928 und 1930
dienten der Anpassung von Freuds Kieferprothese durch

Professor Hermann Schröder. Insgesamt verbrachte er in diesen Jahren fast sieben Monate im Sanatorium Tegel.

Diese Büchlein möchte einen Eindruck vermitteln, wie sich Freuds Aufenthalte in Berlin gestalteten, welche Einstellung er zu der Stadt hatte und welche Bedeutung sie für ihn und die psychoanalytische Bewegung erlangte.

Als Quelle für die Jahre 1884 und 1886 diente Freuds Korrespondenz mit seiner Verlobten Martha Bernays, deren Herausgabe von Gerhard Fichtner, Ilse Grubrich-Simitis und Albrecht Hirschmüller vorbereitet wird. Für die Aufenthalte in Tegel 1928 bis 1930 wurden die ebenfalls noch unveröffentlichten Briefe Freuds aus dieser Zeit herangezogen.

Vielen Freunden und Kollegen verdanke ich wertvolle Hilfe und Unterstützung. Regine Lockot und Ludger Hermanns haben mir Material zur Verfügung gestellt und wertvolle Hinweise gegeben. Felix Blankenstein vom Zentrum für Zahnmedizin der Charité verdanke ich die Fotos von Freuds behandelndem Arzt Hermann Schröder und dessen Klinik. Und schließlich haben Gerhard Fichtner, Michael Schröter und Michael Molnar mir meine Fragen stets umgehend und erschöpfend beantwortet. Ulrike May verdanke ich ein schönes Foto von Freud im Tegeler Park, und Christine und Ulrich von Heinz haben mir in liebenswürdiger Weise Zugang zu ihrem Archiv, dem Humboldtschloß und den Parkanlagen in Tegel gewährt.

Magdeburg/London   *Christfried Tögel*
im Oktober 2005

Erster Eindruck

Albanese im Unterrock
September 1884

Sigmund Freud arbeitete von August 1882 bis August 1885 als Sekundararzt am Wiener Allgemeinen Krankenhaus. Seine Verlobte Martha Bernays wohnte mit ihrer Mutter und ihrer Schwester Minna in Wandsbek bei Hamburg. Die Rückreise von einem seiner Besuche führte ihn über Berlin. Nach knapp vierwöchigem Aufenthalt bei Martha war er am Abend des 28. September 1884 in Hamburg abgefahren und noch vor dem Morgengrauen auf dem Hamburger Bahnhof[2] in der Invalidenstraße angekommen. Hier nahm er sich eine Droschke zum Anhalter Bahnhof, von dem es über Dresden weiter nach Wien ging.[3]

An Martha berichtete er von dieser Fahrt »durch die noch nicht wache Stadt, die in ihrer Pracht, Sauberkeit und Fertigkeit sozusagen mir viel Respekt einflößte. Von auffälligen Dingen sah ich nur das Siegesdenkmal, eine hohe mit Kanonen garnierte Säule, auf der eine gelbe Viktoria steht, welche einen kompletten Unterrock trägt und von rückwärts einem Albanesen leider sehr ähnlich ist.«[4]

Die »Siegessäule« war 1873 eingeweiht worden; sie stand damals noch auf dem Königsplatz[5] und war den Kriegen von 1864, 1866 und 1870/71 gewidmet. Freuds nicht gerade respektvolle Beschreibung des von ihm als »Siegesdenkmal« bezeichneten Monuments mochte aus Erinnerungen an den Preußisch-Österreichischen Krieg 1866 gespeist sein, als er zusammen mit seinem Vater die

Viktoria (Siegessäule)

Ankunft von Verwundeten auf dem Wiener Nordbahnhof erlebt und daraufhin seine Schulklasse veranlaßt hatte, »Charpie«, Verbandsmaterial, zu zupfen.[6] Und während des Deutsch-Französischen Krieges 1870/71 hatte er die Stellungen der feindlichen Armeen mit Fähnchen markiert und seinen Schwestern Vorträge über die allgemeine Kriegslage gehalten.[7] In beiden Fällen lagen seine Sympathien bei den Gegnern Preußens, die zu seinem Bedauern den kürzeren zogen. Insofern ist die despektierliche Äußerung über die Viktoria vielleicht ein später Ausdruck seiner nicht gerade freundschaftlichen Gefühle gegenüber Preußen.

Noch vor der Weiterfahrt nach Wien hatte er sich das in Berlin erscheinende »Deutsche Montagsblatt« gekauft, das er während der Reise – neben Benjamin Disraelis Roman »Henrietta Temples. A Lovestory« – lesen wollte. Diese Zeitung war die Montagsausgabe des »Berliner Tageblatts« und der »Handels-Zeitung«. Um 7.30 Uhr bestieg Freud auf dem Anhalter Bahnhof den Zug nach Dresden, wo er zu Mittag speiste, und am späten Abend des 29. September war er wieder zurück in Wien.

Von Paris nach Berlin

»Forschungsaufenthalt«
im Frühjahr 1886

Im April 1884 bewarb sich Freud um ein Universitäts-Jubiläums-Reisestipendium der Universität Wien, das 1865 zur 500-Jahr-Feier der Alma Mater Rudolphina gestiftet worden war. In seinem Antrag bekundete er die Absicht, er gedenke »drei bis vier Monate bei Prof. Charcot in Paris an dem reichen Materiale der Salpêtrière Klinik der Nervenkrankheiten[8] zu studieren, wozu mir an den Abteilungen des Allgemeinen Krankenhauses eine ähnlich günstige Gelegenheit nicht gegeben ist«[9].

Freud erhielt das Stipendium und arbeitete zwischen Mitte Oktober 1885 und Ende Februar 1886 reichlich vier Monate bei Jean-Martin Charcot, dem »Napoleon der Neurosen«, wie er bisweilen genannt wurde. Ursprünglich wollte er sich in Paris mit Atrophien und Degenerationen des kindlichen Gehirns beschäftigen, doch schon im November faszinierten ihn Charcots Überlegungen zu Hysterie und Neurose. An seine Verlobte schrieb er voller Überschwang: »Charcot, der einer der größten Ärzte, ein genial nüchterner Mensch ist, reißt meine Ansichten und Absichten einfach um. Nach manchen Vorlesungen gehe ich fort wie aus Notre-Dame, mit neuen Empfindungen vom Vollkommenen. Aber er greift mich an; wenn ich von ihm weggehe, habe ich gar keine Lust mehr, meine eigenen dummen Sachen zu machen […].«[10]

Anfang Dezember 1885 bat er Charcot, den dritten Band der »Leçons sur les maladies du système nerveux«

Jean-Martin Charcot
Professor für Neurologie in Paris

ins Deutsche übersetzen zu dürfen. Charcot stimmte zu, und Freud beschloß, dem deutschen Titel »Neue Vorlesungen über die Krankheiten des Nervensystems« den Zusatz »insbesondere über Hysterie« hinzuzufügen. Damit wollte er den Rang hervorheben, den Charcot der Hysterie einräumte.

Als dieser 1893 starb, noch nicht einmal 70 Jahre alt, begann Freud seinen Nachruf mit den Worten: »Mit J. M. Charcot [...] hat die junge Wissenschaft der Neurologie ihren größten Förderer, haben die Neurologen aller Länder ihren Lehrmeister, hat Frankreich einen seiner ersten Männer allzufrüh verloren.«[11] Und Freud beendete den Nekrolog mit einem Gedanken, der vom Sinn her auch für ihn selbst gilt: »Es ist unausbleiblich, daß der Fortschritt unserer Wissenschaft, indem er unsere Kenntnisse vermehrt, auch manches von dem entwertet, was uns Charcot gelehrt hat, aber kein Wechsel der Zeiten oder der Meinungen wird den Nachruhm des Mannes zu schmälern vermögen, um den wir jetzt – in Frankreich und anderwärts – alle trauern.«[12]

Ursprünglich hatte Freud daran gedacht, wegen der Nähe Berlins zum Wohnort seiner Verlobten einen Forschungsaufenthalt lieber hier als in Paris ins Auge zu fassen. Aber dann hatte die Anziehungskraft Charcots den Ausschlag gegeben. Doch wenigstens die letzten vier Wochen des durch die Wiener Universität auf fünf Monate festgelegten Auslandsaufenthalts wollte er in der deutschen Hauptstadt verbringen. Als Freud beim Abschied erzählte, daß er nach Berlin gehe, drückte ihm Charcot die Hand und sagte kopfschüttelnd: »Ça ne sera pas gai, ça ne sera pas gai à Berlin, à Berlin!«[13]

Am 26. Februar 1886 verließ er Paris, verbrachte ein verlängertes Wochenende mit Martha in Wandsbek und traf am 3. März in Berlin ein. Hier war es ausgesprochen kalt,

Neue Vorlesungen

über die

Krankheiten des Nervensystems

insbesondere über Hysterie.

Von

J. M. CHARCOT.

Autorisirte deutsche Ausgabe

von

Dʀ· SIGM. FREUD,

Docent für Nervenkrankheiten an der k. k. Universität in Wien.

Mit 59 Abbildungen.

LEIPZIG und WIEN.
TOEPLITZ & DEUTICKE.
1886.

*Freuds Übersetzung
der »Leçons sur les maladies
du système nerveux«
von Jean-Martin Charcot, 1886*

so daß sich der Neuankömmling wiederholt über die niedrigen Temperaturen beklagte.[14] Erst als es am 24. März frühlingshaft wurde, hellte sich auch sein Blick auf die Stadt auf, und er versicherte Martha: »Wieviel Berlin jetzt im Sonnenschein gewonnen hat, kann ich Dir nicht sagen […].«[15] Insgesamt fand er die Metropole lebhafter, aber »weniger hübsch« als Wien. Das Leben hier schien billiger zu sein, die Leute fleißiger, doch was ihm nicht behagte, war die auffällige Präsenz von Schutzmännern und Militär.

Da Freud zunächst auf Zimmersuche gehen mußte, verbrachte er die erste Nacht im Hotel. Er hatte sich für das »Hotel Central« in der Friedrichstraße entschieden, das erst vor wenigen Jahren eröffnet worden war. Es wurde vor allem von Geschäftsreisenden frequentiert, verfügte über einen Lesesaal und ein Varieté-Theater, den »Wintergarten«. Sein Zimmer, das 3 Mark kostete, erschien ihm im Vergleich zu seinem Pariser Domizil sehr komfortabel. Als erstes kaufte er sich einen Stadtplan, fuhr zur Hauptpost in der Königstraße (heute Rathausstraße) und unternahm zur Orientierung einen Stadtbummel.

Sein erster voller Tag in der Metropole, es war der 4. März 1886, war wohl der anstrengendste des ganzen Aufenthalts. Das von ihm absolvierte Pensum, im wesentlichen organisatorische Aufgaben, ist typisch für die Intensität, mit der Freud zeit seines Lebens anstehende Aufgaben abarbeitete.

Noch vor dem Frühstück ging er in die Charité, um zu erkunden, wo und wann er die Ärzte treffen konnte, an denen er interessiert war. Als erstes erfuhr er, daß Semesterferien waren und damit vorlesungsfreie Zeit. Etwas enttäuscht, blieb ihm nichts anderes übrig, als zu hoffen, er werde seine Berliner Kollegen in deren Kliniken antreffen. Auf dem Rückweg zum Hotel begegnete er einem Bekannten, der ihn zum Frühstück in ein Restaurant in der Behrenstraße mitnahm und ihm anschließend die wichtigsten Gebäude Unter den Linden zeigte, darunter das Alte Palais, über das Freud an Martha schrieb: »In einem nicht einmal sehr prächtigen Haus ›Unter den Linden‹, auf dem eine schöne Fahne weht, wohnt der uralte Kaiser, der gegenwärtig wieder erkältet ist. Ich möchte nicht 89 Jahre alt sein, das ist grausam.«[16]

Am späten Vormittag machte Freud seinen ersten Kollegenbesuch, und zwar bei Martin Bernhardt (1844–1915). Dieser war Neuropathologe, hatte bei Virchow studiert, später unter van Leyden in Königsberg gearbeitet und war 1869 an die Charité zurückgekehrt. Charcot hatte Freud Empfehlungsschreiben für Bernhardt mitgegeben, der in der Markgrafenstraße wohnte und praktizierte. Es stellte sich heraus, daß er Freuds Arbeit über Syringomyelie[17] kannte, und er lud den Gast zu einer Sitzung der Neurologischen Gesellschaft am 8. März ein. Bei ihm lernte Freud auch Carl Westphal (1833–1890) kennen, Berlins führenden Neuropathologen und Nachfolger Wilhelm Griesingers.

Danach begab sich Freud auf Wohnungssuche. Er besichtigte einige Zimmer und entschied sich schließlich für eines in der Nähe der Charité. Lage, Preis und Ausstattung sagten ihm zu, und so mietete er sich bei Frau Boelkow in der Karlstraße 18 A (heute Reinhardtstraße) ein. Das Zimmer lag im dritten Stock des Vorderhauses, war möbliert und kostet 24 Mark.

Ins Hotel zurückgekehrt, ließ er sein Gepäck in die neue Wohnung bringen und ging zur Post, um dort seine Adresse anzugeben. Der anschließende Gang zur österreichischen Gesandtschaft, die sich im Palais Blücher am Brandenburger Tor befand, war insofern vergeblich, als sie schon geschlossen hatte. So nutzte Freud die Zeit, um zu Mittag zu essen. Es folgte ein Besuch im berühmten

Café Bauer, das sich Unter den Linden / Ecke Friedrichstraße befand und 1877 als Wiener Café eröffnet worden war. Es verfügte u. a. über einen Lesesaal, in dem Freud bis gegen 15.30 Uhr Zeitung las.

Um 16.00 Uhr begab er sich in die Neurologische Poliklinik von Emanuel Mendel (1839–1907), die seiner Wohnung in der Karlstraße gegenüberlag. Freud fühlte sich hier schnell zu Hause, ordinierte, untersuchte und erzählte viel von Charcot. An dem Kontakt war Freud vor allem deshalb interessiert, weil Mendel der Herausgeber des »Neurologischen Zentralblatts« war, für das er und sein Kollege Liweri Darkschewitsch eine gemeinsame Publikation eingereicht hatten.[18] Mendel versicherte seinem Besucher, die Arbeit werde Mitte des Monats erscheinen, und lud ihn für einen Sonntag zu sich nach Hause ein, damit er ihm von seinem Paris-Aufenthalt erzähle. Da er sich auch für Freuds Gehirnpräparate interessierte, bat er ihn, diese später zu demonstrieren und dann mit ihm zu Mittag zu essen. Außerdem bestellte ihn Mendel zum Referenten für das »Neurologische Zentralblatt«.

Freud war mit dem ersten Tag zufrieden, hielt seinen Berlin-Aufenthalt schon jetzt für gerechtfertigt und gönnte sich abschließend ein reichliches Abendessen.

Am nächsten Tag suchte er den Kinderarzt Adolf Baginsky (1843–1918) auf, der in dem von ihm mitbegründeten »Kaiserin Friedrich-Kinder-Krankenhaus« tätig war. Auch hier konnte sich Freud mit einem Empfehlungsschreiben einführen, und Baginsky räumte ihm sofort die Möglichkeit ein, seine kleinen Patienten zu untersuchen. Er erzählte seinem Besucher, daß sein Bruder[19] gern mit ihm über Probleme der Hirnanatomie sprechen würde, und nahm ihn mehrmals zu Krankenbesuchen, u. a. »bei armen Leuten«[20], mit und zeigte ihm

Café Bauer
Unter den Linden / Ecke Friedrichstraße

bei diesen Gelegenheiten auch etwas von der Berliner
Innenstadt.

Nachdem Freud einige Vorträge über Hirnanatomie
gehalten hatte, bat ihn Baginsky um schriftliche Notizen
und die entsprechenden Zeichnungen. Außerdem nahm
er ihn als Referenten für Neuropathologie in das »Archiv
für Kinderheilkunde« auf, das er gemeinsam mit dem
Wiener Kinderarzt Alois Monti[21] herausgab, für den er
seinem Gast ein Empfehlungsschreiben mitgeben wollte.

Kurz vor Ende seines Aufenthalts lud ihn Baginsky zu
einem Empfang zu sich nach Hause in die Potsdamer
Straße ein. Er sollte etwas früher kommen, damit noch
Zeit für ein privates Gespräch sei. Seiner Verlobten
schickte Freud die folgende anschauliche Schilderung des
Abends: »Nach und nach kam die Gesellschaft zusammen, 14 Personen mit seiner Dame, von der ich übrigens
wenig zu erzählen weiß. Prunkvoll gekleidet, unschön,
mit jüdisch-japanischen Gesichtszügen, steif und gar

19

nicht um die Gäste bemüht, was er wettzumachen suchte. Wie anders hätte mein Prinzeßchen Gäste empfangen! Das Essen war ausgesucht fein, die Weine gut, dann kam Bier aus einem Faß, es bildeten sich zwei Skatgesellschaften. Die Dame musizierte im Nebenzimmer mit zwei anderen, der einzige Nichtmediziner der Gesellschaft hörte zu; Baginsky, ich und ein Münchener Kollege standen rauchend und plaudernd herum. Es war sehr behaglich, und wir brachen erst um ½ 1^h auf, aber meine Gedanken waren nicht dabei. B. ist offenbar ein reicher Mann durch seine Frau, die ich ihm aber nicht für schweres Geld abnehmen würde; er hat mir die ganze Wohnung gezeigt, für die er 3000 Mark zahlt; ich glaube, sie würde in Wien soviel Gulden kosten.«[22]

Obwohl Freud nicht immer mit Baginskys Diagnosen übereinstimmte, war dieser der einzige Berliner Kollege, zu dem sich freundschaftliche Beziehungen herstellten. Wenige Monate später schrieb ihm Baginsky, daß er sich freuen würde, ihn und seine »liebe Gattin in Berlin auf der Hochzeitsreise«[23] begrüßen zu dürfen.

Nachdem Freud die ersten Tage genutzt hatte, um sich zu orientieren und die Lage zu sondieren, wußte er nun, wie er sich seine Zeit einteilen würde. Er beschloß, die Vormittage für die Übersetzung der Charcotschen Vorlesungen zu reservieren, in die er sich mit »Leidenschaft« stürzte, war er doch unsicher, ob er sie rechtzeitig fertigbekommen würde. Seine Befürchtung erwies sich indes als unbegründet: Am 26. März setzte er den Schlußpunkt unter das in der Druckfassung fast 350 Seiten umfassende Werk.

Jeweils montags, mittwochs und freitags wollte er von 12 bis 14.30 Uhr bei Baginsky hospitieren, während er sich am Dienstag, Donnerstag und Samstag die Mittagszeit für Besuche in der Kinderklinik von Eduard Henoch

Adolf Baginsky
Professor für Kinderheilkunde

frei hielt. Henoch (1820–1910) war Kinderarzt, hatte von 1849 bis 1868 als Privatdozent und anschließend als außerordentlicher Professor für Innere Medizin gewirkt. Daneben betrieb er eine private Kinderpoliklinik in der Wilhelmstraße. Er war der erste, der auch Säuglinge in die Kinderklinik der Charité aufnahm, die zur Zeit von Freuds Aufenthalt noch sehr notdürftig untergebracht war.[24] Bis Mitte März hatte ihn Freud allerdings nur ein einziges Mal aufgesucht. Henoch machte auf ihn den Eindruck eines »jovialen, etwas häßlichen Alten, der von Nervenkrankheiten nicht viel zu verstehen scheint«[25].

An den Nachmittagen zwischen 16 und 19 Uhr wollte Freud abwechselnd die Poliklinik von Mendel und Albert Eulenburg[26] besuchen. Auf letzteres verzichtete er, nachdem eine erste Begegnung kein Bedürfnis nach weiteren Kontakten geweckt hatte. Die Abende sollten Bibliotheksbesuchen vorbehalten sein – bis auf den Sonntag, denn da waren zu Freuds großem Ärger die Bibliotheken geschlossen. Zudem mißfiel ihm, daß viele Bücher ausgeliehen waren, und manchmal verbrachte er einen halben Tag damit, zwischen Königlicher und Universitäts-Bibliothek hin- und herzulaufen, um am Ende das gewünschte Buch doch nicht zu bekommen. So entschloß er sich, Mendel zu fragen, ob er in dessen Bibliothek arbeiten dürfe. Auf Grund seiner Unzufriedenheit mit den Berliner Bibliotheken konnte er die Rückkehr nach Wien kaum erwarten, besonders weil er dann wieder in Obersteiners[27] Bibliothek studieren konnte.

Nach den Erfahrungen der ersten zwei Tage hatte sich Freud bereits ein Urteil über die Berliner Kollegen gebildet. An Martha schrieb er: »Es ist kein Zweifel, daß die Leute gegen Charcot weit zurück sind. Der Vergleich lehrt mich erst die ganze Größe des Mannes kennen. Mendel bedauerte heute, daß sich Charcot, den sie ja alle für die erste Kraft gelten lassen, so schweren, unfruchtbaren und unsicheren Dingen wie die Hysterie zugewendet habe. Verstehst Du, warum man bedauern soll, daß die größte Kraft die schwersten Dinge in Angriff nimmt? Ich nicht.«[28]

Freud hatte das Gefühl, daß die Berliner Nervenärzte Charcots Theorien für »Humbug« oder im günstigsten Falle für Kuriositäten hielten. Den Grund hierfür sah er in dem mangelnden wissenschaftlichen Austausch zwischen Berlin und Paris. Insofern vermutete er, daß seine Übersetzung der Vorlesungen Charcots auf vielerlei Vorurteile stoßen würde. Um dem vorzubeugen, versuchte er, bei den Kollegen einen guten Eindruck zu hinterlassen und für die Übersetzung zu werben, was ihm auch gelang und sein Selbstbewußtsein stärkte.

Am 8. März, dem fünften Tag seines Aufenthalts, war Freud in Baginskys Klinik, und am Abend nahm er an einer Sitzung der »Gesellschaft für Psychiatrie und Nervenkrankheiten« teil, auf der Bernhardt und Westphal Vorträge hielten. Er gewann den Eindruck, daß er den Vortragenden an Kenntnis der Fachliteratur überlegen sei. Zudem störte ihn die »unliebenswürdige« Art der Diskussion, die ihn argwöhnen ließ, die Leute verabscheuten einander. Diese Vermutung wurde jedoch durch den sich anschließenden gemeinsamen Kneipenbesuch revidiert, und er kam zu dem Schluß, daß sie doch »sehr gut miteinander stehen«. In der Kneipe war Mendel die dominierende Erscheinung. Freud selbst unterhielt sich mit Hermann Oppenheim[29] und Robert Thomsen[30], zwei Ärzten, die nicht viel von seinem Idol Charcot hielten.

Auch die Begegnung mit Adolf Baginskys Bruder Benno war eher enttäuschend. Freud sucht ihn am 18. März auf, um ihm seine Gehirnpräparate zu zeigen und sich die von Baginsky anzusehen, deren Qualität er bemängelte. Er verglich sie mit dem »Gespinst der drei Betrüger« in Andersens Märchen »Des Kaisers neue Kleider«.[31] Freuds dezidierte Kritik machte auf den ebenfalls anwesenden Professor Munk[32] großen Eindruck, und er wurde eingeladen wiederzukommen. Mit Genugtuung konstatierte er, daß man seine Goldfärbemethode[33] kannte, ein Verfahren, Gehirnschnitte durch Erhärtung und Färbung mit Goldchloridlösung für die mikroskopische Untersuchung geeignet zu machen. Für die Demonstration seiner eigenen Präparate erhielt er viel Beifall.

Den 23. und 25. März verbrachte Freud im Laboratorium von Hermann Munk und Nathan Zuntz[34]. Obwohl er sehr freundlich empfangen und fast »wie eine kleine Autorität« behandelt wurde, konnte er der »Besichtigung von mehr oder minder blinden Hunden« kaum etwas abgewinnen.[35]

Neben den fachlichen Verpflichtungen ging Freud auch seinen kulturellen Neigungen nach. So besuchte er

Bruchstück des Gigantenkampfs
vom Zeus-Altar in Pergamon

am 10. März das Königliche Museum[36], wobei der Vergleich mit dem Louvre, den er mehrfach aufgesucht hatte, nicht zugunsten des Berliner Museums ausfiel: der Louvre sei viel »prächtiger und inhaltsreicher«. Am meisten interessierten ihn die Funde, die Carl Humann bei seinen Ausgrabungen in Pergamon seit 1878 gemacht hatte. Der »Kampf der Götter gegen Giganten« aus der antiken Stadt war in Berlin eine Sensation, und auch Freud war beeindruckt. Humann hatte die Stücke gegen die Zahlung von 20000 Mark von Pergamon nach Berlin überführen können, und ab 1880 wurden sie teilweise in der Rotunde des Königlichen Museums gezeigt.

Auf dem Hintergrund von Freuds späterer Begeisterung für die Antike verblüfft das Bekenntnis gegenüber Martha: »Mehr als die Steine sprechen mich aber die Kinder an, die ich schon wegen ihres Formats, und weil sie meist rein gewaschen sind, für ein anmutigeres Material halte, als die großen Ausgaben der Kranken sind. Die Dinger sind, wenn ihr Gehirnchen nur frei ist, wirklich reizend, und wenn sie leiden, so rührend. Ich glaube, ich würde mich rasch in die Kinderpraxis hineinfinden.«[37] Da schwang sicher der Wunsch mit, bei seiner Verlobten anklingen zu lassen, daß er sich zum Familienvater eigne.

Mitte März kündigte Martha an, Sally Levisohn, eine Verwandte von ihr, käme mit ihrem Mann nach Berlin und würde ihn gern sehen. Daraufhin beschloß Freud, sich seinen Bart, um den ihn alle beneideten, scheren zu lassen, und zwar Unter den Linden bei dem allerersten Friseur am Platz, dem Hoffriseur des Kaisers[38] – ein teures Vergnügen, gepaart mit schlechter Behandlung, wie der Kunde meinte. Am 20. des Monats suchte er Frau Levisohn im »Hotel Central« auf, nicht ohne vorher einen »schwarzen Rock« angezogen zu haben. Als die Dame über Husten klagte, besorgte er Kokain und pinselte ihr damit den Rachen.

Am nächsten Abend ging man zusammen in den »Wintergarten« des Hotels, eine zweigeschossige glasüberdeckte Halle mit Bühne, wo seit 1880 Ballettvorstellungen und Opernaufführungen stattfanden. An diesem 21. März gab es eine gemischte Vorstellung mit Ballett und Konzert.[39]

Im Laufe des Abends gesellten sich weitere Verwandte und Bekannte hinzu, und Freud schilderte seiner Martha den Rest des Abends so: »Unter all den Geldprotzen saß ich also, ein geachteter Mann, die Wahrheit zu sagen, und ziemlich ungeniert. Levisohn klatschte dem Ballett Beifall, um sie zu ärgern, sie necken sich überhaupt beständig, was ihrer Ehe ein sehr gutes Zeugnis ausstellt, findest Du nicht? Sie behauptete dann, daß ihr Husten sehr

»Wintergarten« des »Hotels Central«

viel besser sei, und ließ mich nicht fort, so daß ich das aus
wenigen, aber ausgesuchten Gängen mit Champagner
bestehende Nachtmahl mit ihnen nehmen mußte. Den
Champagner trank ich nun nicht, erstens weil ich ihn
nicht mag, zweitens weil es immer imponiert, wenn man
Champagner stehenläßt. Nachher saßen wir noch eine
ganze Weile im eleganten Lesesaal.«[40]

Am nächsten Tag war Kaisers Geburtstag, doch für das
Gedränge Unter den Linden und das abendliche Feuer-
werk konnte sich Freud nicht sonderlich begeistern.
Dafür besuchte er am 23. März im Deutschen Theater
eine Aufführung von Kleists Schauspiel »Prinz von
Homburg«, wiederum auf Einladung von Familie Levisohn. Sie hatten Logenkarten, und Freud saß neben Frau
Levisohn auf den beiden Vorderplätzen, was ihn veranlaßte, bei Marthchen vorzubauen: »Wenn man Dir also

Programm des »Wintergartens«
für die Woche vom 20. bis 26. März 1886

berichtet, man hätte mich im Berliner Theater mit einer Dame gesehen, so weißt Du, worauf sich das bezieht und brauchst nicht eifersüchtig zu sein.«[41]

Über den Eindruck des Stücks und den weiteren Verlauf des Abends erfuhr Martha in demselben Brief: »Das Theaterchen ist klein und wurde nicht voll, ein Prolog, der von einer rosafarbenen Dame gesprochen wurde, war entsetzlich schwülstig und pries den alten Herrn, der nicht mehr gehen und stehen kann, als ›in voller Manneskraft prangend‹. Das Stück kennst Du ja, Levisohns kannten es nicht, und ich konnte den Eindruck verfolgen, den es auf sie beide machte. Zuerst war's sehr befremdend, die somnambule Szene, die ja wirklich bei einem märkischen Obersten und Kriegshelden was Sonderbares ist, verblüffte sehr. Im weiteren Verlauf tat Sally eine Reihe von köstlichen Äußerungen,

27

wie: Den Mann möchte sie nicht heiraten, aber sie glaube, wenn er ihr Mann wäre, würde sie ihm die Unentschlossenheit schon austreiben; wie man sich so vor dem Tod fürchten könne usw. Sie verstand aber den Konflikt, zu dem es kam, sehr gut. Er war noch entschiedener unbefriedigt. Ob man gegen die Ordre siegen darf oder nicht, war für ihn als Kaufmann, dem es mehr auf den Zweck als die Mittel ankommt, von vorneherein eine gelöste Frage, und er sagte, ein Stück, das weiter nichts enthalte, sei langweilig. Auch mir wurden die vielen Schwächen des Stücks eigentlich recht auffällig [...]. Nach dem Theater fuhren wir noch ins (koschere) Gasthaus, wo mir das Malheur passierte, nach der Fleischspeise Käse zu verlangen, und gingen dann ins Café, von wo aber ihr Husten zum Aufbruch zwang. Vor dem Hotel verabschiedete ich mich dankend und nahm einen sehr angenehmen Eindruck mit, sie waren gar nicht wie Geldprotzen.«[42]

Darsteller des Prinzen in dieser Inszenierung, die knapp ein Jahr zuvor ihre Premiere erlebt hatte, war Josef Kainz, der 1899 ans Burgtheater nach Wien ging.[43] Weltberühmt wurde er vor allem auf Grund seiner psychologisch feinfühligen Charakterdarstellung.

Viele Jahre später sah Freuds älteste Tochter Mathilde Josef Kainz in derselben Rolle in Wien. In ihrem »Concert- und Theater-Merkbüchlein« hatte sie notiert: »sehr schön«[44]. Zwei Tage nach seinem Tod am 20. September 1910 schrieb Mathilde an ihre Eltern: »Was habt Ihr zum armen Kainz gesagt? Ich freue mich jetzt doppelt mit dem schönen Bild von ihm. Annerl war besonders traurig über die Todesnachricht und hat eifrigst sämtliche Nachrufe in allen Zeitungen gelesen.«[45] Ob sich Freud erinnerte, daß er den berühmten Mann vor einem Vierteljahrhundert schon einmal gesehen hatte?

Josef Kainz als Prinz von Homburg
in einer Aufführung des Deutschen Theaters

Nachdem er das letzte Berlin-Wochenende zu einem Abstecher nach Wandsbek genutzt hatte, trat er am Morgen des 3. April über Dresden die Heimreise nach Wien an. Wenige Monate später, am 24. September 1886, als sich Freud mit seiner Frau auf Hochzeitsreise von Hamburg nach Wien befand, zeigte er ihr Berlin. Jahre danach spielt er ihr gegenüber auf dieses Datum an: »Erinnerst [Du] Dich wohl noch, wie wir ohne alle sechs Kinder vor zehn Jahren dort waren?«[46]

Eine große Freundschaft

Die Beziehung zu dem Berliner Arzt Wilhelm Fließ 1887–1902

Wilhelm Fließ (1858–1928) war ein Berliner »Spezialarzt für Nasen u. Halsleiden«, den Freud im Herbst 1887 in Wien kennengelernt hatte. Mit einer Wienerin, Ida Bondy, verheiratet, hatte Fließ bei Gelegenheit eines Aufenthalts in der österreichischen Hauptstadt Freuds Vorlesungen besucht. Es entspann sich ein Briefwechsel, in dem beide im wesentlichen ihre Theorien diskutierten.[47] In bestimmten Abständen trafen sie sich zu sogenannten »Kongressen«, auf denen sie Probleme, mit denen sie gerade befaßt waren, intensiv erörterten. Um 1900 kühlte die Beziehung allmählich ab und hinterließ auf Grund eines Plagiatsstreits zwischen Fließ und Hermann Swoboda, in den Freud verwickelt war, einen bitteren Nachgeschmack.[48]

Zur Zeit von Freuds Besuchen wohnte Fließ in der Von-der-Heydt-Straße 1, am Nordufer des Landwehrkanals.[49] Hier fand Ostern 1893 das erste Berliner Treffen der beiden statt. Nach Freuds Ankunft am 1. April, einem Ostersamstag, war für den Sonntag ein Ausflug in den Grunewald vorgesehen, wo Fließ ein Grundstück besaß. Freud fand den Grunewald »imposant, aber nicht schön«, die Stadt hingegen und den Verkehr »einfach großartig«.[50] Es hatte sich also einiges getan seit seinem letzten Aufenthalt im Frühjahr 1886. An Martha berichtete er über seine Eindrücke von Fließ' Wohnung und dem Auftreten von dessen Frau: »Es tut mir gar nicht leid, daß ich diesen Weg gemacht habe […]. Das Haus ist

Sigmund Freud und Wilhelm Fließ, um 1893

reizend, von individuellem Geschmack und aufs zweckmäßigste eingerichtet. Das Verhältnis der beiden ist auch reizend. Ich glaube, ich hätte etwas mitbringen sollen, nicht 5 Pfennig konnte ich ausgeben. Die Teppiche müßtest Du sehen, man verliert die Lust, selbst welche zu kaufen. Jedes Möbel, jedes Ornament ist von ihr selbst ausstudiert. Sie bedauern sehr, daß Du nicht kommen konntest. Das Fremdenzimmer ist sehr schön, ein Bokharateppich liegt unter meinen Füßen.«[51]

Der eigentliche Grund des Besuchs bei Fließ waren fachliche Debatten. Wie wichtig sie Freud waren, erhellt der Umstand, daß seine Frau zum Zeitpunkt der Reise im neunten Monat schwanger war. Eine Woche nach seiner Rückkehr wurde ihre zweite Tochter, Sophie, geboren. Mit dem Verlauf der Gespräche zeigte sich Freud höchst zufrieden: »Die Gespräche, wegen welcher ich eigentlich hergekommen bin, haben mich bisher sehr befriedigt. Hätte er nicht heute Kopfschmerzen, so plauderten wir gewiß ohne Unterbrechung weiter, so habe ich ihm eine halbe Stunde Erholung gegönnt.«[52]

Worum ging es? Zum Jahreswechsel 1892/93, als sich Fließ in Wien aufgehalten hatte, war von beiden ein gemeinsames Forschungsprojekt zum Thema »Neurasthenie und Angstneurose« beschlossen worden,[53] das sie über Ostern in Berlin diskutieren wollten. In Vorbereitung auf dieses Treffen verfaßte Freud ein Manuskript mit dem Titel »Die Ätiologie der Neurosen« und schickte es an Fließ. Vorsorglich gab er ihm die Warnung mit auf den Weg: »Vor Deiner jungen Frau wirst Du das Manuskript ja doch verwahren.«[54]

Schon die ersten Sätze dieses Textes lassen den Grund der Warnung erkennen: »Daß die Neurasthenie eine häufige Folge abnormen Sexuallebens ist, darf als bekannt gelten. Die Behauptung aber, die ich aufstellen und an den Beobachtungen prüfen möchte, ist die, daß die Neurasthenie überhaupt *nur* eine sexuelle Neurose ist.«[55] Freud glaubte damals, daß »Neurasthenie« bei Männern u. a. durch Masturbation in der Pubertät hervorgerufen werde. Zum Ausbruch komme sie nach dem 20. Lebensjahr, könne aber infolge »weiblicher Verführung« ausbleiben. Auch der »unvollständige Beischlaf« (Coitus interruptus) sei eine Praxis, die sexuelle Neurosen verursache. Das Auftreten der Neurasthenie bei Frauen sei im allgemeinen eine Folge der Einbuße der sexuellen Potenz ihrer Männer, woraus zusammen mit hysterischen Symptomen eine »gemischte Neurose« entstehe. Im zweiten Teil des Manuskripts behandelt Freud die Angstneurose, die meistens in der Ehe auftrete, und zwar ebenfalls durch Coitus interruptus.

Aus alldem schlußfolgerte er, daß Neurosen im wesentlichen durch eine richtige Prophylaxe vermieden werden könnten, nämlich auf dem Wege des »freien sexuellen Verkehrs der männlichen Jugend mit Mädchen freien Standes; er ist aber nur zu betreten, wenn unschädliche Mittel da sind, die Konzeption zu verhüten. Sonst lautet die Alternative – Onanie, Neurasthenie des Mannes, Hystero-Neurasthenie der Frau oder Lues des Mannes – Lues der Generation, Gonorrhoe des Mannes, Gonorrhoe und Sterilität der Frau [...]. Beim Ausbleiben dieser Lösung zeigt sich die Gesellschaft als bestimmt, den unheilbaren Neurosen zu verfallen, welche den Lebensgenuß auf ein Minimum herabsetzen, das eheliche Verhältnis zerstören und die ganze Generation durch Heredität ruinieren.«[56]

Fließ wollte die Überlegungen seines Freundes in einen eigenen Vortrag über »Die nasale Reflexneurose« aufnehmen, den er auf einem Kongreß für innere Medizin Mitte April 1893 zu halten beabsichtigte.[57] Kurz nach

seiner Rückkehr aus Berlin erhielt Freud das Vortrags-
manuskript, das er ausführlich kommentierte. Seine Bemerkungen leitete er mit dem Satz ein: »Welch großes
Vergnügen es mir macht, unsere Ostergespräche so fortsetzen [zu] können, brauche ich nur anzudeuten.«[58] Da
Fließ die einschlägigen Anmerkungen weitgehend be-
rücksichtigte, kann – obwohl Freud nicht als Mitautor
erscheint – die Arbeit über »Die nasale Reflexneurose«
durchaus »als ein Gemeinschaftswerk der beiden Freun-
de bezeichnet«[59] werden.

Der nächste Besuch bei Fließ fand vom 4. bis 13. September 1895 statt. Diesmal reiste Freud in Begleitung
seines Bruders Alexander, der sich – ebenso wie Freud
selbst – mehrfach von Fließ an der Nase operieren ließ.
Freud hatte sich überzeugen lassen, daß seine Herzpro-
bleme, unter denen er seit einiger Zeit litt, nasalen Ur-
sprungs seien und daß durch eine Operation eine
Besserung erzielt werden könne.[60]

Die erste Operation fand gleich am Tag nach der Ankunft statt. Den Vorabend hatten sie auf Fließ' Grundstück und bei einer Bootsfahrt auf dem Grunewaldsee
verbracht.[61] Der 6. September war der Hochzeittag von
Wilhelm und Ida Fließ. Sigmund und Alexander über-
reichten einen Rosenstrauß, und der Abend wurde mit
Rüdesheimer Wein und Champagner begangen. Am
7. September besuchten die Brüder das christlich-archäo-
logische Kunstmuseum der Universität[62] und am 8. die
Freie Berliner Kunstausstellung,[63] auf der u. a. Käthe Koll-
witz zum erstenmal mit drei Werken vertreten war. Am
nächsten Tag ging es nach Charlottenburg zum Besuch
des Mausoleums im Charlottenburger Schloßpark.[64] Es
war 1812 nach Plänen von Schinkel erbaut worden und
beherbergt u. a. die Sarkophage Kaiser Wilhelms I. und
seiner Gemahlin Kaiserin Augusta. Die letzte kulturelle

Aktivität dieser Besuchstage war am 10. September der Nationalgalerie gewidmet.[65]

Im Mittelpunkt ihres »Kongresses« stand diesmal im wesentlichen ein Thema: Freuds »Entwurf einer Psychologie«, mit dem er sich schon eine Weile quälte und nur schwer vorankam. Offensichtlich hatten ihm die Gespräche geholfen, seine Gedanken zu ordnen, denn noch auf der Rückfahrt nach Wien begann er mit der Niederschrift des »Entwurfs«. Der Eingangssatz des Manuskripts lautet: »Es ist die Absicht dieses Entwurfs, eine naturwissenschaftliche Psychologie zu liefern, d. h. psychische Vorgänge darzustellen als quantitativ bestimmte Zustände aufzeigbarer materieller Teile und sie damit anschaulich und widerspruchsfrei zu machen.«[66] In den kommenden drei Monaten schickte er die jeweils fertigen Teile nach Berlin.

Freuds letzter Besuch war nur kurz. Er traf am 26. September 1897 mittags in Berlin ein und fuhr schon nach anderthalb Tagen wieder zurück.[67] Die Begegnung muß ihm sehr wichtig gewesen sein, sonst hätte er die lange Reise für ein so kurzes Wiedersehen nicht auf sich genommen. Aus einer Reihe von Gründen ging es ihm ziemlich schlecht, und er brauchte seinen Freund, um seine Gedanken zu ordnen und über die Krise hinwegzukommen. Was ihn bedrückte, war zunächst das Gefühl, keine einzige analytische Behandlung wirklich zu einem Abschluß bringen zu können, womit auch die Erfolgserlebnisse ausblieben. Zudem machte ihm die Erkenntnis zu schaffen, »daß in sämtlichen Fällen [von Hysterie] der Vater als pervers beschuldigt werden mußte, mein eigener nicht ausgeschlossen«. Und drittens irritierte ihn die Schwierigkeit, »daß man die Wahrheit und die mit Affekt besetzte Fiktion nicht unterscheiden kann«.[68] Freud sah sich mit der Möglichkeit konfrontiert, daß seine Hoffnung auf völlige Heilung der Neurose und die sichere Kenntnis ihrer Ursachen in der Kindheit scheitern könnte. Und er fragte den Freund: »Ob dieser Zweifel nur eine Episode auf dem Fortschreiten zur weiteren Erkenntnis darstellt?«[69] Zudem hatte er das Gefühl, Fließ' Theorien weder richtig zu verstehen noch kritisch beurteilen zu können, während dieser alles zu überblicken und richtig einzuschätzen schien.

Die Hoffnungen, die Freud in diesen Berlin-Besuch gesetzt hatte, erfüllten sich. Nach Wien zurückgekehrt, schrieb er überschwenglich: »Nach idealer Reise (12stündiger Schlaf in Isolierzelle) heimgekehrt, völlig unbeschäftigt, erfrischt, mit neuen Ahnungen und Anregungen gefüllt, tue ich zunächst etwas ganz Überflüssiges, nämlich nochmals der Freude Ausdruck geben, welche durch Deine Arbeiten, Dein Befinden, Deine Frau und Dein Kind in mir als altem Teilnehmer und neuem Onkel geweckt worden ist.«[70]

Es war Freuds letzter Besuch bei Fließ in Berlin. Die Beziehungen verschlechterten sich, und es kam zum Bruch. Die Gründe für das Zerbrechen dieser Freundschaft sind sicher vielschichtig. Mitentscheidend dürfte die Tatsache gewesen sein, daß Freud die Arbeitsteilung zwischen ihnen nie ganz so ernst nahm wie Fließ. Freud arbeitete weniger auf ein gemeinsames Ziel hin, sondern brauchte den Freund als emotionalen Beistand bei Zweifeln hinsichtlich seiner eigenen theoretischen Ansätze. [71]

Elf Jahre sollte es dauern, bis Freud wieder nach Berlin kam.

Familienbande

*Freuds Schwester Maria
und die Söhne Ernst und Oliver
1908–1930*

Sigmund Freud hatte neun Geschwister[72] und sechs Kinder[73]. Seine Schwester Maria, genannt Mitzi, war mit ihrer Familie von Wien nach Berlin gezogen. Sein Sohn Ernst arbeitete hier von 1919 bis 1933 als Architekt, und Sohn Oliver verbrachte zwischen 1920 und 1933 ebenfalls viele Jahre in der deutschen Hauptstadt.

Maria Freud hatte in ihrer Jugend Buchführung gelernt und war in der Familie bekannt für ihre wundervollen Handarbeiten. Im Dezember 1883 verlobte sie sich in Paris, wo sie ein Jahr als Kindermädchen arbeitete, mit dem Kaufmann Moritz Freud (1857–1920), vermutlich einem Großcousin. Etwa Anfang 1898 übersiedelte die Familie mit ihren drei Töchtern Margarethe, Elisabeth (Lilly) und Martha Gertrud (Tom) nach Berlin. Zuerst wohnten sie in der Ansbacher Straße 6, nicht weit vom Zoo. 1908 zog die Familie in die Bamberger Straße 5, etwas außerhalb des unmittelbaren Stadtzentrums. Von den im Oktober 1904 geborenen Zwillingen kam der eine Junge, Georg, tot zur Welt, der andere, Theodor, ertrank als Achtzehnjähriger beim Baden.

Das Familienleben scheint in den ersten Jahrzehnten weitgehend harmonisch gewesen zu sein. Moritz hatte ein enges Verhältnis zu den Kindern und interessierte sich für ihre Entwicklung. So jedenfalls erinnerte sich seine Tochter Lilly:

»Viel, sehr viel haben wir Kinder unserem Vater zu verdanken und unserer klugen, verständigen Mutter. [...]

Maria (Mitzi) Freud mit ihren Töchtern
Margarete (hinten), Martha Gertrud (Tom)
und Elisabeth (Lilly)

Moritz Freud

›Mit freundlich geneigtem Kopf durch die Welt gehen‹, sagte er immer zu uns Kindern. ›Man braucht Menschen, und man wird gebraucht.‹ [...] Schon als junger Kaufmann, aber auch später kam mein Vater nach England. Er hatte bald Fühlung mit großen Kaufleuten Schottlands – er hatte auch ein Büro in London sowie in Paris und Berlin – und gewann sich durch persönlichen Zauber die Freundschaft so mancher englischer und schottischer Familie. Da er sehr weltklug war, gab er seinen Kindern eine polyglotte Erziehung. So ließ er aus Leeds eine junge Engländerin kommen, die mit uns lebte und der wir zugetan waren wie einer Schwester. Wir kleinen Mädchen sprachen nach kurzen Wochen ein akzentfreies Englisch. Vater regte uns an, englische Verse zu lernen, und Hamlets Monolog über ›Sein oder Nichtsein‹ auf dieser Erde trug mir als Kind ein Goldstück ein. Er pflegte auf seine Reisen häufig eine seiner Töchter mitzunehmen, damit sie das lebendige Buch des Lebens mit seinen vielfarbigen Illustrationen, seinen großen und kleinen Lettern lesen und begreifen. Das war Vaters Erziehung für seine Kinder. Jedem Kinde das zu geben, was für dessen Veranlagung und Entwicklung notwendig erschien.«[74]

Moritz Freud war Inhaber und ab 1909 Geschäftsführer der »Freud & Co: Export, Kommission und Metallwarenfabrik« in der Alten Jakobstraße 20–22, in der Nähe des heutigen Jüdischen Museums. Im September 1920 erlag er einem Herzanfall. Er wurde auf dem jüdischen Friedhof in Berlin-Weißensee begraben. 1930 zog Maria von der Bamberger Straße nach Lichterfelde in eine kleinere Wohnung in der Lange Straße, und 1933 kehrte sie schließlich nach Wien zurück. Ebenso wie ihren in Wien gebliebenen drei Schwestern gelang es ihr nach 1938 nicht mehr zu emigrieren. 1941 wurde sie deportiert und in dem Vernichtungslager Treblinka ermordet.

Die Beziehung zwischen Sigmund und Maria war durchaus ambivalent. Als Ältester fühlte er sich für alle Geschwister verantwortlich. Bestärkt wurde er darin von seiner Mutter, die ihn sogar in bezug auf die Partnerwahl seiner Schwestern für die letzte Instanz hielt.[75] Maria war fünf Jahre jünger, und selbstverständlich fühlte er sich auch für sie zuständig, nicht zuletzt weil er sie noch als Erwachsene für »kindisch« und »unbeholfen sentimental« hielt. Auch seinem Schwager gegenüber pflegte Freud lange Zeit seine Vorurteile.

Aus Anlaß der Übersiedlung der Familie nach Berlin gab er in einem Brief an Wilhelm Fließ folgende Charakteristik ab: »Keiner von uns hat ein Verhältnis zu ihr [Maria], sie war immer isoliert und hat ein sonderbares Wesen, das in reiferen Jahren in pathologische Sparsamkeit ausgeht, während wir alle Verschwender sind. Die drei Mädchen sind hysterisch, am schwersten die recht begabte Kleine. Ob auch *hier* der Vater unschuldig ist, möchte ich bezweifeln, er ist ein Halbasiate – Phantasielügner, obwohl sonst gutmütig gegen die Seinen. Die Übersiedlung der Familie nach Berlin war für uns alle (Mutter natürlich ausgenommen) eine große Erleichterung.«[76]

Wieso Freud seinen Schwager einen Halbasiaten nennt, ist nicht klar – möglicherweise stammte einer seiner Vorfahren aus dem kleinasiatischen Teil des Osmanischen Reiches. Jedenfalls war Moritz geschäftlich viel im Mittelmeerraum und im Vorderen Orient unterwegs, so daß sich Freuds Bemerkung auch darauf beziehen kann.

Maria und Moritz haben Sigmunds Einstellung zu ihnen wohl gespürt und von ihrer Seite alles getan, ihn versöhnlich zu stimmen. Eines der ersten Zeichen dafür war ein Smyrnateppich, den Moritz von einer seiner Reisen mitgebracht hatte und den er Sigmund und Martha

Freuds analytische Couch mit dem Teppich
von Moritz Freud

1885 für ihren künftigen Haushalt schenkte.[77] Er lag auf
der Ottomane, die sich Sigmund für seine erste Wohnung
in der Rathausstraße gekauft hatte,[78] und bedeckte nach
1890 seine analytische Couch. Doch an der Beziehung zu
Mitzi und Moritz änderte sich kaum etwas. Erst mit zu-
nehmendem Alter und angesichts der Schicksalsschläge,
die seine Schwester trafen, wurde er ihr gegenüber mil-
der. Martha scheint den Kontakt zu Mitzi und ihrer
Familie immer gepflegt zu haben und hat auch gelegentlich bei ihr in Berlin übernachtet.

Zu seinen Berliner Nichten war Freuds Verhältnis sehr
unterschiedlich. Margarethe, die älteste Tochter von Maria und Moritz Freud, wurde am 4. August 1887 in Ro-
nau geboren. Da sich der Vater zu dieser Zeit gerade in
Ägypten aufhielt und man eine Frühgeburt befürchtete,
wurde Sigmund aus Wien in den mährischen Kurort be-
ordert, um nach dem Rechten zu sehen. Die Sorge erwies
sich indes als unbegründet.[79]

Im Jahre 1914 hatte Margarethe eine spannungsreiche
Beziehung zu einem Mann, der offenbar psychisch krank
war. Es wurden Heiratspläne geschmiedet und wieder
verworfen. Freud schaltete sogar seinen Berliner Kollegen Karl Abraham ein und bat ihn, bei der Verhinde-
rung der Heirat mitzuwirken.[80] Die Ehe kam nicht zustande, und erst im Dezember 1923 heiratete Margarethe
den dänischen Germanisten Erwin Magnus (1881–1947).
Dieser hatte u. a. mehrere Bücher des dänischen Kunst-
kritikers und Literaturhistorikers Georg Brandes ins
Deutsche übersetzt. Mit ihm organisierte er 1924 einen
literarischen Abend im »Salon« seiner Schwiegermutter
in der Bamberger Straße.

Das Interesse an Brandes teilte das Ehepaar Magnus
mit Sigmund Freud. Nach einem Besuch des berühmten
Dänen in dessen Wiener Hotel schrieb Freud am 4. März

1927 – Brandes war am 19. Februar gestorben – an seine Nichte Gretel: »Ich wußte nichts von seiner Feindseligkeit gegen die Analyse und kam ihm ganz unbefangen, in ungetrübter Hochachtung entgegen. Als dann die Rede auf sie kam, war die Bekehrung scheinbar das Werk von zwei Minuten. Ich widersprach dem größten Mißverständnis, welches den Unterschied von bewußt und unbewußt verkannte, und er schien sofort beruhigt. Wahrscheinlich war es überhaupt keine Sinnesänderung, sondern die Psychologie war ihm immer ferne gelegen und durch Euren Einfluß vorbereitet, von meiner Arglosigkeit entwaffnet, gab er bereitwillig ein Vorurteil auf, wo ihm ein Urteil nicht möglich war. Er mußte merken, wie sehr ich ihn hochschätze.«[81]

Nach 1933 zogen Erwin und Margarethe nach Kopenhagen, Mitte der 30er Jahre wurden sie geschieden. Margarethe ging es dann wirtschaftlich lange Zeit sehr schlecht, zumal sie von ihrem geschiedenen Mann kaum unterstützt wurde. Sie starb am 5. April 1984 in Aarhus.

Elisabeth (Lilly), die zweite Tochter des Ehepaars, wurde am 22. November 1888 in Wien geboren. Bereits als Kind fiel sie durch ihr hervorragendes Gedächtnis auf, konnte sie doch ein großes Repertoire von Dichtungen der Weltliteratur auswendig rezitieren. Sie absolvierte eine Schauspielausbildung und heiratete im Juli 1917 den Schauspieler Arnold Marlé (1887–1970), der später Oberregisseur des Deutschen Schauspielhauses in Hamburg wurde. Nach ihrem Debüt am 18. März 1911 in Berlin und Auftritten in Wien setzte sie ihre Bühnenlaufbahn an den Münchner Kammerspielen und dem Deutschen Schauspielhaus in Hamburg fort. Auf Grund ihrer rezitatorischen Erfolge konzentrierte sie sich zunehmend auf die Vortragskunst. Spektakulär waren ihre Auftritte mit Rabindranath Tagore, zum Beispiel

1926 in der Berliner Philharmonie. Auf einer Europa-
tournee rezitierte sie Tagores Dichtungen sowohl in
Englisch als auch in Bengali. Gut denkbar, daß Freuds
Besuch bei Tagore im Oktober 1926, als sich dieser in
Wien aufhielt, durch seine Nichte vermittelt worden
war.[82]

Im Mai 1948 veröffentlichte Lillys Schwester Margarethe in der »Neuen Zürcher Zeitung« einen Artikel, in
dem sie behauptete, Lilly Marlé sei das Vorbild für das
Lied »Lili Marleen« gewesen. Anton Walter Freud, der
Sohn von Freuds ältestem Sohn Martin, erzählte, daß
Lilly die ehemalige Freundin von Hans Leip (1893–1983),
dem Autor des Schlagertextes, gewesen sei und ihn verlassen habe, um Arnold Marlé zu heiraten. Darüber sei
Hans Leip so gekränkt gewesen, daß er für sein Lied über
die Soldatenhure Lili Marleen ihren Namen benutzt habe.
Der Text von Leip war 1938 von Norbert Schultze ver-
tont worden und wurde durch die Interpretation von Lale
Andersen berühmt. Leip war politisch umstritten, da er
während der NS-Zeit mit dem nationalsozialistischen
Hamburger Bürgermeister Krogmann freundschaftlich
verkehrt haben soll.

Margarethes Artikel erschien in einem Moment, als
sich Leip um den Vorsitz des PEN-Clubs bemühte. In
einem Brief an sie dementierte er ihre Darstellung: »Ich
schrieb das Lied als Gardefüselier vor dem Ausmarsch
nach Rußland im April 1915. – Es ist weder einer Tänzerin noch einer Diseuse gewidmet gewesen, sondern zwei
schlichten Mädchen, von denen eine Lilli benannt war,
die andere Marleen, welche Namen in der Abschieds-
stimmung des Abends auf der Wache an der Kesselstraße
sich in eins zusammenfanden, wie es die Freiheit poe-
tischer Gestaltung vermag. Damals entstand sogar eine
eigene Melodie dazu, und das Lied wurde im engen

Lilly Freud-Marlé als Diseuse

Kreise der abschiednehmenden Soldaten gesungen. [...]
Dieses ist die einfache Wahrheit. Alle anderen Versionen
(bisher sind es etwa siebenundzwanzig) über die Entstehung des Liedes ›Lili Marleen‹ und über sein Urbild be-
ruhen auf unbewußtem oder bewußtem Irrtum, also
auch die Annahme, daß Frau Lilly Freud-Marlé die An-
regerin sei oder daß ich es dieser gewiß sehr beachtlichen,
mir indessen kaum bekannten Rezitatorin gewidmet
habe.«[83] Leip mußte schließlich wegen des Aufsehens,
das die Sache erregte, regelrecht aus Hamburg flüchten.
Lilly Freud-Marlé hat sich zu dieser ganzen Geschichte
nie geäußert.

Martha Gertrud (Tom), die jüngste Tochter, wurde am
17. November 1892 in Wien geboren und lebte, nach einer

kurzen Zeit in München, ab 1920 wieder in Berlin. Unter dem Namen Tom Seidmann-Freud wurde sie eine namhafte Autorin und Gestalterin von Kinderbüchern. Die Vermutung liegt nahe, daß der Männername, den sie sich als Jugendliche zulegte, etwas damit zu tun haben könnte, daß die Eltern nach zwei Töchtern gern einen Sohn gesehen hätten. 1921 heiratete sie den Lektor und späteren Gründer des Peregrin-Verlages, Jacob (Jankew) Seidmann (1892–1929), im Jahr darauf wurde ihre Tochter Angela geboren. In einer wirtschaftlichen Notlage nahm sich Jankew Seidmann im Oktober 1929 das Leben.

Zu dieser Zeit war Sigmund Freud gerade in Berlin-Tegel. Nach einem Besuch bei seiner Nichte, die den Selbstmord ihres Mannes nicht verkraftet hatte und in ein Sanatorium eingeliefert worden war, schickte er folgenden erschütternden, zugleich aber distanzierten Bericht nach Hause: »Gestern war ich im Sanator. Flatow, wo Tom untergebracht ist. Ihr Anblick war schrecklich, eine unheimliche Ähnlichkeit mit Moriz, als wir ihn schwerkrank in einem Sanat. besuchten. Solange sie mit Anna war, hatte sie sich verständig benommen, nach dem kurzen Gespräch mit mir hat sie wieder geschrien, daß man es durchs Haus hörte. Da man in einem Sanat. solches Geschrei nicht brauchen kann, gibt man ihr fortwährend Injektionen. Das geht doch nicht an, somit ist beschlossen worden, daß Lampl[84] sie heute noch mit einer Pflegerin in ihre Wohnung[85] bringt, Mitzi […] sie empfangen wird. Das meschuggene Ding zerstört sich die letzten Existenzmöglichkeiten durch ihre Verfeindung mit den Nächsten. Das ist ein Gefühlsluxus, den man sich in bescheidenen Verhältnissen nicht erlauben darf.«[86]

Nur wenige Monate später, am 7. Februar 1930, folgte sie ihrem Mann in den Tod. Als Kinderbuchautorin wurde Martha (Tom) Seidmann Anfang der 80er Jahre vor allem von Barbara Murken wiederentdeckt und gewürdigt.[87]

Freuds erster Besuch bei der Familie seiner Schwester fand im September 1908 im Anschluß an einen längeren England-Aufenthalt statt. In Manchester hatte er seine beiden Halbbrüder besucht, und mit einem von ihnen – Emanuel – fuhr er über Harwich und Hoek van Holland nach Berlin. Er blieb knapp zwei Tage, die er seinen Geschwistern widmete. Nach Wien zurückgekehrt, entschuldigte er sich bei seinem Kollegen Karl Abraham wegen seines Fernbleibens: »Nun mein Vergehen gegen Sie. Ich war wirklich 24 Stunden in Berlin und habe Sie nicht aufgesucht. Ich konnte nicht, denn ich kam mit meinem alten Bruder von England herüber und war zu Besuch bei meiner in Berlin lebenden Schwester, und zwischen den beiden Lagern von lieben Verwandten habe ich von Berlin so wenig gesehen wie von Ihnen.«[88]

Wiederum im Anschluß an eine große Reise – diesmal nach Amerika – war Freud Anfang Oktober 1909 erneut in Berlin, und wieder war Emanuel mit von der Partie. Diesmal fand sich auch die Zeit zu einem Treffen mit Karl Abraham. In den folgenden Jahren verband er Besuche bei seiner in Hamburg verheirateten Tochter Sophie mit Aufenthalten in Berlin, so 1914, 1915 und 1919. 1920 nutzte Freud seinen Aufenthalt anläßlich des VI. Internationalen Psychoanalytischen Kongresses Anfang September in Den Haag zu einem anschließenden Urlaub in Holland. Ursprünglich wollte er von dort aus nach England fahren, doch der plötzliche Tod seines Schwagers Moritz am 7. September führte zu einer Änderung des Plans. Freud entschied sich, auf England zu verzichten und seine Schwester in Berlin aufzusuchen.

Anfang Dezember 1919 war Freuds Sohn Ernst nach Berlin gezogen, weil seine zukünftige Frau, Lucie Brasch, von dort stammte. Er wohnte bis zu seiner Emigration im Juli 1933 in der Regentenstraße 23, der heutigen Hitzigallee, nicht weit vom Potsdamer Platz. Einen Monat später ließ sich auch Oliver Freud in Berlin nieder, zog dann aber nach Duisburg und Breslau und kehrte erst im Juli 1926 zurück. Bis 1933 wohnte er in der Theodor-Franke-Straße 6 in Tempelhof.

Ernst heiratete im Mai 1920, und in den nächsten vier Jahren wurden ihm drei Söhne geboren: Stephan Gabriel am 31. Juli 1921, Lucian Michael am 8. Dezember 1922 und Clemens Raphael am 24. April 1924. Lucian ist heute der berühmteste und bestbezahlte Maler der Welt und hat kürzlich im Auftrag des britischen Königshauses Elisabeth II. porträtiert. Auch Stephan und Clemens haben es zu einem gewissen Renommee gebracht: Ersterer war lange in der Film- und Musikindustrie aktiv und Clemens in der Politik, u. a. als Abgeordneter im britischen Unterhaus.[89]

Oliver Freud heiratete am 10. April 1923 Henny Fuchs, die Tochter eines Berliner Sanitätsrats. Am 3. September 1924 wurde Tochter Eva geboren. Damit stieg die Zahl der Familienmitglieder in Berlin auf zwölf,[90] und Freud mußte bei künftigen Besuchen seine Zeit zwischen drei Familien teilen.

Besonders in den Jahren 1928, 1929 und 1930, als er zur Anpassung seiner Kieferprothese jeweils für mehrere Monate in Berlin weilte (vgl. das letzte Kapitel dieses Buches), konnte er seinen Söhnen und Enkelkindern relativ viel Zeit widmen. Vor allem hatte er die kleine Eva ins Herz geschlossen. Über den Empfang Ende August 1928 bei seiner Ankunft in Berlin berichtete er nach Wien: »Auf dem Bahnhof empfingen uns Eitingon,

Ernst und Lucie Freud

Oliver und Henny Freud

Ernst, Oli, Henny u das süße Evchen, deren Augen noch schwärzer sind und noch klüger schauen als vor einem Jahr.« Er fand das Kind einfach »reizend« und zudem »besonders vernünftig«. Gleich am nächsten Tag kaufte er ihr Spielzeug im KdW (Kaufhaus des Westens).[91] Als erstes wurde beschlossen, daß Oliver, Henny und Eva jeden Sonntag zu Besuch nach Tegel kommen sollten, wo Freud im Ärztehaus des Sanatoriums untergebracht war.

Es hatte eine Weile gedauert, bis sich Freud mit seiner Schwiegertochter anfreundete. Henny war offenbar etwas gehemmt im Umgang mit ihm. Über einen Zwischenfall mit dem Schäferhund Cäsar berichtete er nach Wien: »Gestern abends Oli u. Henny. Sie benimmt sich ungeschickt auch mit Tieren, so daß unser sonst so sanfter Caesar ihr ein Loch ins Kleid gebissen hat. Ich werde es zum Anlaß für einen Toilettebeitrag nehmen.« Drei Tage später kam er

Freud mit seiner Enkelin Eva, Tegel 1928

darauf zurück: »Henny habe ich zur Entschädigung für
den Riß ins neue Kleid, den ihr der böse Caesar gemacht
hat, ein Couvert mit Anweisung auf ein neues übergeben.
Sie ist bei allen ihren Schwächen u. Ur geschicklichkeiten
doch immer nobel und rührend zärtlich.«[92]

Wahrscheinlich war es Henny Freud, die dem Bild-
hauer Joachim Karsch 1929 für eine heute verschollene
Büste saß, betitelt »Frau Freud«.[93] Sie malte selbst recht
gut, und so mag sich der Kontakt zu Karsch hergestellt
haben. Eine der Sitzungen bei ihm war am 7. Oktober
1929. Offensichtlich wollte Henny die Sache geheimhal-
ten, denn Freud schrieb an diesem Abend nach Wien:
»Oli ist nach unserem Spiel weggegangen, Henny war
wegen Zahnschmerzen nicht mitgekommen [...].«[94]

Freuds Sohn Ernst konnte mit seiner Familie nicht so
oft nach Tegel kommen, da er häufig in das Ferienhaus

seiner Schwiegereltern nach Gaglow (bei Cottbus) fuhr. Die Schriftstellerin Esther Freud, eine Enkelin Ernst Freuds, hat einen vielbeachteten Roman unter dem Titel »Sommer in Gaglow« geschrieben, in dem eine Handlungsebene in den zwanziger Jahren in ebendiesem Sommerdomizil spielt. Zudem fuhr die Familie oft auf die Insel Hiddensee, wo Ernst in Vitte die Hälfte eines Fischerhauses besaß. Dafür kam er, manchmal auch seine Frau Lucie, gelegentlich zum Abendessen nach Tegel. Anschließend wurde bis weit über Mitternacht Tarock gespielt. Zuweilen sprangen auch Oliver und Henny als Tarockpartner ein. Offensichtlich wurde diesem Hobby Freuds so oft gefrönt, daß schon bald ein neues Spiel Karten aus dem Kaufhaus des Westens besorgt werden mußte.

Ernst Freud, der in den zwanziger Jahren als Architekt viele Aufträge hatte und gut verdiente, war zeitlich stark belastet. Sein Vater schrieb: »Ernst [...] plagt sich sehr, hat jetzt außer dem neuen großen Bauauftrag ein Gutachten, das ihm 1000 M tragen wird.«[95] Neben einigen Wohnhäusern baute er auch den Tabakspeicher der Zigarettenfabrik »Problem« in Pankow. 1928 wurde er mit einem »neuen ehrenvollen Hausbau in Potsdam«[96] betraut. Es handelte sich um ein Landhaus für den Berliner Bankier Frank in Geltow am Schwielowsee. Heute steht das Gebäude unter Denkmalschutz. Offenbar interessierte sich Freud für die architektonischen Leistungen seines Sohnes. So plante er im Oktober 1929 einen Ausflug nach Potsdam-Neubabelsberg, um sich den von Ernst projektierten Umbau des Hauses von Dr. Wittgensteiner anzusehen.

Im Mai 1930 entschloß sich Freud, mit Ernsts Familie für ein paar Tage nach Hiddensee zu fahren. Ernst hatte ihm versichert, die Fahrt dauere insgesamt nur vier Stunden, davon zwei mit der Bahn und zwei mit dem Schiff. Von den Tücken der Reise und einigen dramatischen Zwischenfällen gibt Freuds Brief an seine Frau einen höchst lebendigen Eindruck:

»Zurück von einer sehr schönen, durch einige unerwünschte Zufälle gestörten Unternehmung. Wir sind Donnerstag früh abgereist. Ernsts 4 Stunden waren natürlich ein Schwindel [...]. Die Eisenbahnfahrt allein 2 ½ St., dann hatten wir lange Mittagspause in Stralsund und betraten das Schiff um 5ʰ. Ernst natürlich überall als alter Bekannter begrüßt. Kurz vor dem Abgang schlug eine Tür zu, riß ihm die Kuppe von einem Finger der linken Hand ab. Er kam blutend zu uns, beschloß, in Stralsund zu bleiben, Lux mit uns zu schicken u. versprach, möglichst bald mit einem Motorboot nachzukommen. Lux benahm sich rührend, zärtlich u. vernünftig zugleich, sehr beherrscht, während sie offenbar sehr besorgt war. Erst nach 8ʰ waren wir auf Hiddensee, es war so hell, daß die späte Stunde unglaublich schien. Kaum eine Stunde später war Ernst da. Der Arzt hatte ihm einen Verband gemacht, er hatte wenig Schmerzen, war die ganze Zeit über kaum gestört und hat uns jetzt in Berlin wissen lassen, daß alles in Ordnung ist. Die Verstümmelung des Fingers bleibt natürlich, sonst nichts.

Die zweite Störung: Schon in Stralsund fing ein Herzzustand bei mir an, den ich mir schwer erklären konnte. In der Bahn sitzen ist doch keine große Anstrengung, seit meinen schüchternen Rauchversuchen war mehr als eine Woche vergangen, mit der Verdauung bin ich in Ordnung; der sehr unbehagliche Anfall zog sich bis in den nächsten Vormittag, klang dann ab und störte mich nicht, den Freitag u. halben Samstag sehr zu genießen. Samstag mittags reisten wir ab, und obwohl diese Seefahrt im Motorboot viel anstrengender war, bin ich doch heute nur etwas müde. Die Wiederkehr des Anfalles hat meine Zuversicht natürlich sehr gestört und läßt mich manchmal glauben, ich hätte für einen Sommeraufenthalt nicht mehr viel Verwendung. Für seine Gesundheit leben anstatt von ihr ist aber etwas sehr Dummes.

Jetzt wißt Ihr noch nichts über Hiddensee. Es ist auch schwer im Brief zu beschreiben. Es ist eine Art nördliches Brioni, aber viel mannigfaltiger, gebaut wie der Lido, eine Seite gegen das Binnenmeer, die andere gegen die Ostsee. Es hat Wiesen, Wälder, Heide, Hügel, ein starker Wind geht immer, entweder von Ost nach West oder umgekehrt von der See nach dem Bodden. Man fühlt sich sehr wohl, hat einen riesigen Appetit u. atmet mit Behagen, [hat] Sonnenbrand und geschwollene Nasen. Natürlich haben wir auch an Sommeraufenthalt gedacht. Aber es ist wenig da, das meiste sehr primitiv, absichtlich so, es gehört zum Bild von Hiddensee. In der Saison soll es sehr schwer sein, ein Loch zu bekommen, Häuser werden nicht viel vermietet. Das, in dem G. Hauptmann sonst wohnt, ist heuer frei. Wir haben es besehen, man könnte sich zur Not darin einrichten, nicht mehr.«[97]

Freud, seine Tochter Anna und deren Freundin Dorothy Burlingham, die ihn begleiteten, wohnten nicht in Ernsts Haus, sondern hatten sich in Kloster im Hotel »Dornbusch« eingemietet.[98]

So waren für Freud die Kontakte mit den Familien seiner Söhne und die damit verbundenen vielfältigen Anregungen eine willkommene Abwechslung zu der qualvollen Prothesenanpassung in der Zahnklinik der Charité.

Psychoanalyse in Berlin

Wissenschaftliche Mitstreiter, Freunde, Institutionen

Karl Abraham

Der erste Freud-Anhänger, der sich in Berlin niederließ, war Karl Abraham.[99] Er wurde als jüngster von zwei Söhnen 1877 in einer jüdischen Kaufmannsfamilie in Bremen geboren, studierte in Würzburg, Berlin und Freiburg, anfangs Zahnmedizin, später Humanmedizin. Seine neurologische Ausbildung erhielt er in der Nervenklinik Dalldorf bei Berlin, bevor er 1904 nach Zürich übersiedelte und am Burghölzli mit Eugen Bleuler und Carl Gustav Jung zusammenarbeitete. Dort kam er auch mit den Ideen Freuds in Berührung.

Entscheidend für seine berufliche Entwicklung war das Jahr 1907. Am 27. April hielt er vor dem »Deutschen Verein für Psychiatrie« in Frankfurt am Main einen Vortrag »Über die Bedeutung sexueller Jugendtraumen«. Die schriftliche Fassung dieses Vortrags hatte Freud so beeindruckt, daß er Abraham zu sich nach Wien einlud. Im selben Jahr ließ sich Abraham als praktizierender Psychoanalytiker in Berlin nieder, wo er sich den Respekt der Berliner Ärzteschaft erwarb. Für Freud war es außerordentlich wichtig, in Deutschland einen aktiven Mitstreiter zu haben. Daß es gerade Berlin war, wo sich das deutsche Zentrum der Psychoanalyse künftig etablieren sollte, weckte bei Freud zum Teil zwiespältige Erinnerungen, besonders an die reservierte Aufnahme von Charcots Ideen, die er während seines ersten Berlin-Aufenthalts registriert hatte. An Abraham schrieb er: »Berlin ist ein schwieriger, aber bedeutungsvoller Boden, und Ihre Bemühungen, ihn für unsere Absichten urbar zu machen, sind alle Anerkennung wert.«[100]

Als Abraham 1925 im Alter von 48 Jahren starb, bedeutete das einen schweren Verlust für Freud und die Psychoanalyse in Deutschland. Freud hatte über siebzehn Jahre einen intensiven Briefwechsel mit ihm geführt und ihn, wann immer er es ermöglichen konnte, während seiner Berlin-Aufenthalte besucht.

Bei ihrer ersten Begegnung in Berlin im Oktober 1909 wohnte Abraham am Schöneberger Ufer 22, wenige Schritte vom Potsdamer Platz entfernt; damals firmierte er noch als »Spezialarzt für nervöse und psychische Krankheiten«. Im September 1910 zog die Familie in die Rankestraße 24, in die Nähe von Kurfürstendamm und Bahnhof Zoo. Dort wohnte sie bis 1915, als Karl Abraham während des Ersten Weltkriegs nach Allenstein in Ostpreußen versetzt wurde. Nach seiner Rückkehr zogen die Abrahams nach Berlin-Grunewald, zuerst in die Schleinitzstraße 6 und ab Oktober 1919 in die Bismarckallee 14. Für Abraham lagen diese Wohnungen »außerhalb der Stadt«, wie er im Dezember 1919 an Freud schrieb.[101]

Zwischen 1913 und 1920 war Freud insgesamt fünfmal bei Abraham zu Gast und lernte bis auf die Bismarckallee 14 die verschiedenen Wohnungen kennen. Dabei war es für ihn nicht ganz einfach, seine knapp bemessene Zeit zwischen den Kollegen und den Verwandten gerecht aufzuteilen. So schrieb er über die Planungen für einen Weihnachtsaufenthalt 1913 an Abraham: »Ich reise also am Christabend ab, komme $8^h 8$ in Berlin, Anhalter Bahnhof, an, begebe mich zur Herstellung in das gegenüberliegende Excelsior Hotel und bitte Sie, ohne mich zu frühstücken. Ich habe dann zwei Wege in Berlin zu machen, zu Eitingon und zu meiner Schwester, die ich allein oder schon in Ihrer Gesellschaft machen

Karl Abraham, 1912

kann, und hoffe, daß wir bis 3ʰ Zeit für alle Gespräche finden werden. Zu Mittag bin ich sehr gerne Ihr Gast und freue mich, Ihre Frau wiederzusehen und Ihre Kinder kennenzulernen. Die Kleine ist ja seither groß geworden, ich nehme an – doch kein déjà vu –, daß ich sie flüchtig einmal gesehen habe.«[102]

Der Ausbruch des Ersten Weltkriegs beinträchtige Freuds Reisetätigkeit zunächst nicht. So plante er für September 1914 wiederum einen Besuch in Berlin. In Vorbereitung darauf unterrichtete ihn Abraham über die Lage in der deutschen Hauptstadt: »In Berlin ist im allgemeinen wenig vom Krieg zu merken. Wir sind sehr beruhigt durch die vollkommene Niederlage der Russen in Ostpreußen. In den allernächsten Tagen hoffen wir auf günstige Nachrichten über die Kämpfe an der Marne. Sind diese glücklich entschieden, so ist Frankreich im wesentlichen erledigt, d. h., die Eroberung der südöstlichen Festungen nur noch eine Frage relativ kurzer Zeit. Heute Abend erfuhren wir von dem österreichischen Rückzug bei Lemberg; ich erwarte, daß die Festungen und die Karpaten dem Vordringen der Russen doch Einhalt tun werden. [...] – An die größere Arbeit, die ich auszugsweise als Kongreß-Vortrag bringen wollte, mag ich jetzt garnicht herangehen. Umso mehr freue ich mich, Ihnen die Ideen vortragen zu können, wenn Sie nach Berlin kommen. Ich werde es einrichten, daß mich die Lazarettätigkeit während Ihres Besuches möglichst wenig hindert.«[103] Darauf antwortete Freud: »Ich denke, ich komme von der Bahn gerade zurecht zu Ihrem Mittagessen, wobei ich die Gastlichkeit Ihres Hauses als konstante Größe in Rechnung ziehe.«[104]

Der erste und einzige Besuch in Abrahams 7-Zimmer-Wohnung im Grunewald fand ein Jahr nach dem Ende des Krieges, im September 1919, statt. Abraham schlug einen genauen Ablaufplan vor: »Ihr Zug trifft hier auf dem Lehrter Bahnhof leider erst 1 Uhr 40 mittags ein, nicht um 12 Uhr, wie mein Wunsch den Fahrplan verbessern wollte. Ich werde mit Eitingon am Bahnhof sein. Er übernimmt die Besorgung Ihres Gepäcks zum Anhalter Bahnhof und bringt Ihnen den Gepäckschein nachmittags zu uns. Ich selbst werde Sie samt Ihrer Gattin sofort auf schnellstem Wege nach Grunewald befördern. Zu mittag und abend sind Sie unsre Gäste. Wenn Eitingon Schlafwagenkarten erhalten hat, dürfen Sie bis gegen 8 Uhr abends bei uns verweilen. Meine Frau und ich freuen uns ungemein, Sie beide einmal wieder bei uns begrüßen zu können, müssen aber im voraus um Entschuldigung bitten, daß unsre provisorische Behausung Ihnen keinen so behaglichen Aufenthalt bieten kann, wie wir es wünschten. Abends sorge ich dafür, daß Sie Ihren Zug richtig erreichen.«[105]

Max Eitingon

Im August 1908 hatte Abraham die »Berliner Psychoanalytische Vereinigung« ins Leben gerufen, zu deren Gründungsmitgliedern die Sexualforscher Magnus Hirschfeld und Iwan Bloch sowie die Psychiater Otto Juliusburger und Heinrich Körber gehörten. Ende 1909 kam Max Eitingon hinzu. Er war wie Abraham von Zürich nach Berlin übergesiedelt und spielte für die psychoanalytische Bewegung, besonders als großzügiger Sponsor, über viele Jahre eine wichtige Rolle.

Eitingon wurde 1881 in Mogiljow am Dnjepr in Belorußland geboren. Er stammte aus einer im Pelzhandel tätigen reichen jüdischen Familie, die sich 1893 in Leipzig niederließ; später wurde er selbst Teilhaber eines großen Pelzgeschäftes, das bis 1929 auf Importe aus der Sowjetunion spezialisiert war. Er studierte Medizin und Philosophie in Marburg und arbeitete eine Zeitlang in Zürich unter Eugen Bleuler, bevor er nach Berlin ging. In der letzten Januarwoche des Jahres 1907 begegneten sich Freud und Eitingon zum erstenmal. Im September desselben Jahres traf ihn Freud in Florenz und reiste mit ihm zusammen nach Rom. Von da an riß der enge Kontakt zwischen beiden Männern nicht mehr ab: 1909 wurde Eitingon von Freud auf »abendlichen Spaziergängen« analysiert, im Februar 1910 schenkte er dem hochgeschätzten Lehrer und verehrten Freund Dostojewskis »Sämtliche Werke«, und ab 1912 kehrte er mindestens einmal jährlich in der Wiener Berggasse ein, während Freud seinerseits die Gelegenheit nutzte, auf seinen Berlin-Fahrten bei den Eitingons vorbeizuschauen. Ihr Briefwechsel gibt tiefe Einblicke ist das enge Verhältnis beider Männer.[106]

Während des Ersten Weltkriegs diente Eitingon in der österreichischen Armee. Seine finanzielle Situation erlaubte es ihm, Freud in der schwierigen Nachkriegszeit zu unterstützen. Er veranlaßte regelmäßige Geldüberweisungen und finanzierte das Berliner Psychoanalytische Institut sowie die 1920 in Berlin gegründete Psychoanalytische Poliklinik.

Auf dem 9. Internationalen Psychoanalytischen Kongreß in Bad Homburg vom 2. bis 5. September 1925 wurde auf Eitingons Anregung eine internationale Regelung der Unterrichts- und Ausbildungsfragen nach dem Vorbild der Berliner Ausbildungsmethode beschlossen. Eine internationale Unterrichtskommission wurde eingesetzt und Max Eitingon zu deren Vorsitzendem gewählt. Nach dem Tod Karl Abrahams am 25. Dezember 1925 übernahm er den Posten eines Interimspräsidenten der Internationalen Psychoanalytischen Vereinigung,

Max Eitingon, 1912

blieb aber auf Drängen Freuds bis zum 12. Kongreß der IPV in Wiesbaden im Jahre 1932 in diesem Amt. Nach der Machtübernahme durch die Nazis in Deutschland emigrierte er nach Palästina und gründete dort 1933 – noch vor seiner endgültigen Niederlassung in Jerusalem – die »Chewra Psychoanalytith b'Erez-Israel«. Nicht verstummt ist bis heute die Diskussion um eine mögliche Agententätigkeit Eitingons für den sowjetischen Geheimdienst.[107]

Vor seiner Heirat mit Mirra wohnte Eitingon in Berlin in der Hindersinstraße 14 (Tiergarten) und der Marburger Straße 8 (Charlottenburg). Danach zog das Ehepaar in die Güntzelstraße 2 nach Schöneberg. Von April 1921 bis 1928 hatten sie eine ausgesprochen großzügige Wohnung in der Rauchstraße 4, über die Michael Schröter schreibt: »Die Wohnung am Tiergarten [...] war eine vornehme Zwei-Etagenwohnung, mit mindestens drei Gästezimmern im oberen Stock. Die Freuds sprachen vom ›Hotel Eitingon‹, in dem sie einige Zeit hindurch gern abstiegen und den Luxus genossen. Sogar eine blasierte Engländerin wie Alix Strachey fühlte sich dort zum ersten Mal in Berlin wie ›in einem *richtigen* Haus‹ [...] und fand es ›himmlisch, sich zurückzulehnen & auf endlose Reihen von Bücherregalen zu schauen & hübsch arrangierte Möbel & dicke Teppiche & 2 oder 3 nahezu passable Bilder‹. Bisweilen herrschte dort ein ziemlicher Trubel, der um Frau Mirra kreiste. Familienmitglieder und alle möglichen Exilrussen, Philosophen, Künstler, Sängerinnen, Schauspielerinnen, füllten das Haus. Man sprach von einem ›psychoanalytischen Salon‹.«[108] 1928 zogen Eitingon und seine Frau in die Altensteinstraße 26 nach Dahlem, ihre letzte Berliner Wohnung vor der Emigration nach Palästina.

Bevor Freud in der Rauchstraße einkehrte, hatte er

auch schon die Wohnung in der Güntzelstraße kennengelernt, in die ihn Eitingon zum erstenmal im Dezember 1913 einlud: »Von Abraham erfuhr ich, daß Sie am 25. d. M. auf der Durchreise in Berlin sein werden, ich darf Sie doch mahnen, einen kleinen Teil der für den Aufenthalt hier bemessenen Zeit auch für uns – mich und meine Frau – reservieren zu wollen?«[105]

Hier wird der Druck deutlich, unter dem Freud stand, wenn er nach Berlin fuhr. Er mußte nicht nur mit seiner Zeit haushälterisch umgehen und Verwandte und Kollegen gleichermaßen berücksichtigen, sondern auch noch darauf achten, daß er keinen Anlaß für Eifersucht unter seinen Schülern gab. Bei späteren Besuchen holten ihn Abraham und Eitingon gemeinsam vom Bahnhof ab, damit jeder zu seinem Recht kam. Nach Abrahams Tod dominierte Eitingon uneingeschränkt, denn zwischen Hanns Sachs, dem dritten wichtigen Mann in Berlin, und Freud ergab sich zu keiner Zeit eine ähnlich enge Beziehung.

Hanns Sachs

Hanns Sachs, 1881 als Sohn eines jüdischen Rechtsanwalts in Wien geboren, studierte Jura und promovierte 1904 an der Wiener Universität. In diesem Jahr stieß er auf die »Traumdeutung« und belegte bei Freud einige Vorlesungen. Anfang 1910 besuchte er ihn zum erstenmal. Gemeinsam mit Otto Rank gab Sachs die Zeitschrift »Imago« heraus, und Rank war auch der Koautor des Buches »Die Bedeutung der Psychoanalyse für die Geisteswissenschaften«, das 1913 erschien.

1920 nahm Sachs eine Berufung an das neugegründete Berliner Psychoanalytische Institut an, dessen erster Lehranalytiker er wurde. 1932 emigrierte er nach Boston.

Nach der Begegnung mit Freud stellte Sachs sein ganzes Leben in den Dienst der Psychoanalyse und ihres Begründers. Gemeinsam mit Karl Abraham war er maßgeblich an der Entstehung des Films »Geheimnisse einer Seele. Ein psychoanalytisches Kammerspiel« in der Regie von G. W. Pabst beteiligt, Premiere war 1926. Die Handlung dreht sich um einen Patienten mit einer Messerphobie und Zwangsvorstellungen. Der Film versuchte sowohl die Ursachen für die Erkrankung zu ergründen als auch ihre psychoanalytische Behandlung darzustellen.

Zudem war Sachs der Verfasser einer der ersten und emotionalsten Freud-Biographien: »Freud. Meister und Freund«. Gleich auf der ersten Seite artikuliert sich ein Bekenntnis, auf dessen identifikatorischen Aspekt der »Meister« stets zurückhaltend reagierte: »In gewissem Sinn könnte das Buch ein Stück meiner Selbstbiographie genannt werden, denn es behandelt die Persönlichkeit eines Mannes, der ein Teil, und zwar der wichtigste, alles andere verdrängende Teil meines eigenen Lebens war und noch immer ist. Der Rest meines Lebens, wie immer ich selbst darüber urteile, würde der Welt im allgemeinen kaum wichtig erscheinen.«[110]

Hanns Sachs wohnte zunächst in der Meinekestraße 22, später in der Mommsenstraße 7, beide in der Nähe des Kurfürstendamms gelegen. Freud hat ihn allerdings nie zu Hause besucht. Von dem relativ umfangreichen Briefwechsel sind bis auf wenige Ausnahmen nur die Briefe von Sachs erhalten, die nicht den Eindruck eines engeren persönlichen Verhältnisses vermitteln.

Alle drei, Abraham, Eitingon und Sachs, waren Mitglieder des sogenannten »Geheimen Komitees«, das auf Initiative von Ernest Jones 1912 gegründet worden war. Sein Ziel hat Freud so formuliert: »Was meine Phantasie

Hanns Sachs, 1922

sofort in Beschlag nahm, war die Idee eines geheimen Konzils, das sich aus den besten und zuverlässigsten unserer Leute zusammensetzen solle, deren Aufgabe es sei, für die Weiterentwicklung der Psychoanalyse zu sorgen und die Sache gegen Persönlichkeiten und Zwischenfälle zu verteidigen, wenn ich nicht mehr da bin [...]. Ich möchte sagen, es würde mir das Leben und das Sterben leichter machen, wenn ich wüßte, daß eine solche Gemeinschaft zum Schutze meiner Schöpfung existiert. Vor allem aber ist dies zu beachten: Das Komitee müßte in seiner Existenz und in seinem Wirken streng geheim bleiben.«[111]

Dem Komitee gehörten außer Freud und den drei Berlinern noch Ernest Jones aus London, Sándor Ferenczi aus Budapest und Otto Rank aus Wien an. Berlin war also am stärksten vertreten. Die sogenannten Rundbriefe des »Geheimen Komitees« aus Berlin sind in der Regel

von Abraham, Eitingon und Sachs gemeinsam unter-
zeichnet.

Nachdem Freuds Tochter Anna Mitglied der Wiener
Psychoanalytischen Vereinigung geworden war und zu-
mindest die Publikationen der Berliner und der Wiener
Gruppe vergleichen konnte, schrieb sie an ihre Freundin
Lou Andreas-Salomé: »Ich glaube, die Berliner Vereini-
gung ist viel tüchtiger wie unsere. An keinem der letzten
Abende war etwas Besonderes, die Diskussionen sind so-
gar meistens sehr mittelmäßig.«[112]

Die Psychoanalytische Poliklinik

Nach der Gründung der Berliner Psychoanalytischen
Vereinigung und des Berliner Psychoanalytischen Instituts war der nächste Schritt zur Institutionalisierung der
psychoanalytischen Bewegung die Gründung einer Poliklinik, die 1920 erfolgte. In die Leitung teilten sich Max
Eitingon und Ernst Simmel, der später auch ein psychoanalytisches Sanatorium gründete und in den Jahren
1928 bis 1930 Freuds Gastgeber während dessen Berlin-
Besuchen war. Die Poliklinik sollte kostenlose bzw. für
breite Schichten der Bevölkerung bezahlbare psycho-
therapeutische Behandlung anbieten, aber auch als Aus-
bildungsstätte für Psychoanalytiker dienen. Poliklinik
und Lehranstalt bildeten später zusammen das »Berliner
Psychoanalytische Institut«.

Für Max Eitingons »Bericht über die Berliner Psychoanalytischen Poliklinik« von 1923 schrieb Freud ein Vorwort, in dem er auf die Psychoanalyse als therapeutische
Methode eingeht, von der auch die Masse der sozial
Schwachen profitieren sollte: »Mein Freund Max Eitingon, der die Berliner Psychoanalytische Poliklinik ge-

schaffen und bisher aus eigenen Mitteln erhalten hat, berichtet auf den nachstehenden Blättern der Öffentlichkeit über die Motive seiner Gründung, wie über Einrichtung und Leistung des Instituts. Ich kann zu dieser Schrift nur den Wunsch beitragen, daß sich bald auch an anderen Orten Männer oder Vereinigungen finden mögen, welche, dem Beispiele Eitingons folgend, ähnliche Anstalten ins Leben rufen.«[113]

Eitingon selbst stellte zu Beginn seines Berichts die Würdigung Freuds als Spiritus rector der Poliklinik in den Zusammenhang von Therapie und sozialer Indikation: »Manche von Ihnen werden sich gewiß noch erinnern, daß wir bei der Gründung unseres Institutes auf die Anregung verwiesen haben, die uns durch Professor Freuds Budapester Kongreßvortrag ›Über die Wege der psychoanalytischen Therapie‹ (1918) geworden ist. Er hatte uns damals gemahnt, uns auf den Moment vorzubereiten, wo das Gewissen der Gesellschaft erwachen und der Staat es als dringende Pflicht ansehen würde, für seelische Hilfe ebenso zu sorgen, wie für sonstige lebensrettende und gesundheitsfördernde. Es würden dann Anstalten und Ordinationsinstitute gegründet werden, welche das psychoanalytische Heilverfahren weiten Kreisen zugänglich zu machen haben würden.«[114]

Die Poliklinik wurde im Februar 1920 mit fünf Behandlungszimmern eröffnet. Untergebracht war sie in der Potsdamer Straße 29 (heute 74) im vierten Stock, ab Herbst 1928 in der Wichmannstraße 10. Zu Beginn arbeiteten hier drei ständige Mitarbeiter: Max Eitingon, Ernst Simmel und Anna Smeliansky, eine gebürtige Ukrainerin, die Eitingon in Zürich kennengelernt hatte. Zwei Jahre später waren es bereits sieben. In den ersten zweieinhalb Jahren wurden über sechshundert Patienten behandelt. Sprechstunden waren fünfmal in der Woche, und die

Patienten zahlten »so viel oder so wenig als sie können oder zu können glauben und wir glauben ihnen selbst auch dann, wenn sie nichts zahlen zu können angeben, analysieren sie natürlich auch dann«. Neben der eigentlichen Behandlung wurden Lehr- und Ausbildungskurse abgehalten. Ihr Ziel war die Heranbildung des psychoanalytischen Nachwuchses, d. h. die Ausbildung von Psychoanalytikern.

Der 7. Internationale Psychoanalytische Kongreß

Eitingon erstattete seinen Bericht über die Berliner Poliklinik, der den Zeitraum von März 1920 bis Juni 1922 umfaßte, auf dem 7. Internationalen Psychoanalytischen Kongreß. Er tagte vom 24. bis 27. September 1922 in Berlin im Haus des jüdischen Brüdervereins in der Kurfürstenstraße. Makabrerweise war in diesem Gebäude später das von Adolf Eichmann geleitete »Judenreferat des Reichssicherheitshauptamtes« untergebracht. Heute befindet sich auf dem Grundstück das Hotel »Sylter Hof«.

Freud hielt sich vom 12. bis zum 22. September in Hamburg auf, wo er seinen verwitweten Schwiegersohn Max Halberstadt und die Enkel Ernst und Heinz (»Heinele«) besuchte. Am 23. September traf er in Berlin ein, und noch am selben Tag fand eine Sitzung des »Geheimen Komitees« statt. Der Kongreß begann am 24. September abends mit einem zwanglosen Empfang.

Freud selbst hatte kein Thema angekündigt, so daß bei ihm als einzigem Redner stand: »Thema vorbehalten.« Schließlich war es »Etwas vom Unbewußten«, worüber er sprach. Es betraf die Weiterentwicklung seiner Theorie des Unbewußten, die er im folgenden Jahr in dem Buch »Das Ich und das Es« veröffentlichte. Er verwies darauf,

Dienstag, den
26. September 1922
9—1 Uhr vorm.

Präsidium: Dr. S. FERENCZI.

Prof. Dr. S. FREUD, Wien:
Thema vorbehalten.

Dr. A. STÄRCKE, Utrecht: Gottlose Urzeugung.

Dr. TH. REIK, Wien: Zur Psychoanalyse blasphemischer Ideen.

Dr. G. RÓHEIM, Budapest: Nach dem Tode des Urvaters.

Dr. J. VARENDONCK, Ledeberg-Gand, Belgien: The Fallacy in Silberer's conception of threshold-symbols.

Dr. G. GRODDECK, Baden-Baden: Die Flucht in die Philosophie.

4—7 Uhr
nachmittags.

Geschäftssitzung:

Präsidium: Dr. E. JONES.

1. Gruppenberichte der Vorsitzenden.

2. Bericht über die Berliner Poliklinik *(Dr. M. Eitingon).*

3. Verlagsbericht *(Dr. A. J. Storfer).*

4. Referatenwesen und Jahresbericht *(Dr. Th. Reik).*

5. Anträge.

6. Präsidentenwahl.

7. Nächster Kongreß.

Die Herren Redner werden mit Rücksicht auf die große Anzahl der Vorträge höflichst ersucht, die festgesetzte Redezeit von 30 Minuten keinesfalls zu überschreiten.

Aus dem Programm
des 7. Internationalen Psychoanalytischen Kongresses
in Berlin, 1922

daß es nicht zulässig sei, das Unbewußte mit dem Verdrängten bzw. dem »Es« und das »Ich« mit dem Bewußtsein gleichzusetzen, eine Identifikation, die vielfach bis heute vorgenommen wird.

Obwohl auf dem Kongreß ausschließlich Psychoanalytiker zu Wort kamen (vgl. das Programm im Anhang), war die Psychoanalyse zu diesem Zeitpunkt immerhin so bekannt, daß die Versammlung ihrer bedeutendsten Vertreter mit dem wohlwollenden Interesse einer breiteren Öffentlichkeit rechnen konnte. So hatte der Philosoph Hans Vaihinger ein Grußschreiben an den Kongreß gerichtet, für das sich Freud herzlich bedankte: »Ich füge aus Eigenem hinzu, daß es mir eine besondere Genugtuung war zu erfahren, daß ein Denker von Ihrer Bedeutung unseren Bemühungen Interesse entgegenbringt, da wir sonst nur an Abweisung ohne Prüfung gewöhnt worden sind.«[115]

Paradoxerweise stand ein Vortrag des Kongresses unter dem Titel »Die Flucht in die Philosophie«, gehalten von Georg Groddeck, einem Pionier der psychosomatischen Medizin aus Baden-Baden. Ihm ging es allerdings nicht um eine Kritik am Philosophieren, vielmehr warb er für die Übernahme des Wortes »Es« als Ergänzung zum Begriff des »Unbewußten«. Insofern ergänzte er Freuds Beitrag, der auch Groddecks Urheberschaft für das Konzept des »Es« im Rahmen der psychoanalytischen Theorie anerkannte. Viele Kollegen waren von der Vortragsweise Groddecks und teilweise auch von seinen Thesen wenig begeistert. Freud selbst nahm am Vortrag keinen Anstoß, war aber unangenehm berührt von dem Umstand, daß Groddeck mit seiner Geliebten angereist war.

Aus heutiger wissenschaftshistorischer Sicht war der Vortrag Imre Hermanns aus Budapest besonders interessant. Er sprach über die »Neue Berliner psychologische

Schule und die Psychoanalyse«. Dabei ging er besonders auf die Gestaltpsychologie[116] Max Wertheimers und Wolfgang Köhlers und deren Experimente ein. Sein überraschendes Fazit lautete, daß besonders die Köhlerschen Versuche an Menschenaffen dem psychoanalytisch Geschulten Gelegenheit böten, einzelne Thesen Freuds zur Sexual- und Massenpsychologie zu überprüfen. In seinem Vortrag skizzierte Hermann eine eigene psychoanalytisch fundierte Gestalttheorie.[117]

Ernest Jones aus London, der auf dem Berliner Kongreß zum Präsidenten der Internationalen Psychoanalytischen Vereinigung wiedergewählt wurde, sprach über die »Psychoanalyse des Heiligen Geistes«, ein Thema, das bei den vorwiegend jüdischen Psychoanalytikern nicht unbedingt als provokant galt.

Bemerkenswert war auch die Tatsache, daß der später weltberühmte Kinderpsychologe Jean Piaget mit einem Vortrag auf dem Kongreß vertreten war. Er hatte 1921 bei der Freud-Schülerin und Jung-Patientin Sabina Spielrein eine Analyse gemacht und sprach in Berlin über Phantasien und Symbolbildung bei Kindern.

Inzwischen gab es psychoanalytische Bewegungen und Vereinigungen in vielen Ländern der Welt, so daß auf dem Kongreß auch über den »Einfluß der Psychoanalyse auf die amerikanische Psychiatrie« (von Frederic Farnell) und »Über den heutigen Stand der Psychoanalyse in Italien« (von Marco Levi-Bianchini) referiert wurde.

Auf der Geschäftssitzung schließlich berichtete Ernest Jones über die Tätigkeit der Internationalen Psychoanalytischen Vereinigung seit dem letzten Kongreß 1918 in Budapest, und Otto Rank legte Rechenschaft über die Arbeit des Internationalen Psychoanalytischen Verlags ab. Außerdem gab Freud bekannt, daß er den literarischen Preis für ärztliche Psychoanalyse Franz Alexander für

dessen Arbeit »Kastrationskomplex und Charakter« zu-
erkannt habe. Für das folgende Jahr war folgendes Preis-
thema ausgeschrieben: »Das Verhältnis der psychoanalytischen Technik zur psychoanalytischen Theorie«. Die
eingesandten Arbeiten wurden von Freud, Abraham und
Eitingon begutachtet. Finanziell lohnte sich die Teilnahme an diesem Wettbewerb kaum, betrug doch die Höhe
des Preises 20000 Mark, d. h. zur Zeit des Kongresses
auf Grund der Inflation in Deutschland lediglich knapp
60 Dollar. Das Prestige jedoch, von Freud einen Preis verliehen zu bekommen, war für die jungen Psychoanalytiker unbezahlbar.

Relativ breiten Raum nahm auf der Geschäftssitzung
die Diskussion von Freuds Antrag ein, die Moskauer
Psychoanalytische Vereinigung in die Internationale
Psychoanalytische Vereinigung aufzunehmen. Seit seiner
Studienzeit hatte er immer wieder enge persönliche Kontakte zu Russen geknüpft. Einer der ersten war Liweri
Darkschewitsch, sein »Freund in cerebro«[118], mit dem er
1886 eine Arbeit über das verlängerte Rückenmark ver-
öffentlichte.[119] Darkschewitsch gründete zusammen mit
Bechterew die Kasaner Gesellschaft für Neuropatho-
logen und Psychiater, und von 1917 bis zu seinem Tod im
Jahre 1925 war er Professor für Neuropathologie an der
1. Moskauer Staatsuniversität. 1922 wurde er einer der
behandelnden Ärzte Lenins.[120] Daneben gab es eine
Reihe russischer Analytiker wie Nikolai Ossipow und
Moshe Wulff sowie russische Patienten wie Sergej Pankejeff (»Wolfsmann«) und nicht zuletzt Schülerinnen aus
Rußland wie Lou Andreas-Salomé und Sabina Spielrein,
die Freuds positive Einstellung zu den Aktivitäten der
Moskauer Gruppe prägten.

Eine besondere Rolle spielte Jenö Varga.[121] Er wurde
1879 in Budapest geboren, studierte Geschichte, Ökono-

mie und Philosophie und wurde 1906 Mitglied der Sozialdemokratischen Partei Ungarns. Er war befreundet mit dem Psychoanalytiker Franz Alexander, der nach dem Ersten Weltkrieg an das Berliner Psychoanalytische Institut wechselte. 1918 wurde Varga Mitglied der Ungarischen Psychoanalytischen Vereinigung und im März 1919 Volkskommissar für Finanzen und Vorsitzender des Obersten Volkswirtschaftsrats in der Regierung Béla Kuns. Nach dem Scheitern der Räterepublik Ende 1919 zum Tode verurteilt, floh Varga nach Österreich, nahm Kontakt zu Freud auf und erhielt von ihm die Erlaubnis, an den Sitzungen der Wiener Psychoanalytischen Vereinigung teilzunehmen.

Im Juni 1920 übersiedelte Varga nach Moskau und wurde Mitglied der Kommunistischen Partei der Bolschewiki. Lenin erkannte schnell sein Talent und wußte seine umfassende Bildung zu schätzen. Im Zusammenhang mit der Tätigkeit des neugegründeten »Büros für ausländische Wissenschaft und Technik« wurde Varga 1921 nach Berlin geschickt, wo er fast sieben Jahre blieb, u. a. als Berater der Handelsvertretung der Russischen Föderation.

Varga bot Freud an, bei der Kommunikation zwischen deutschsprachigen und russischen Psychoanalytikern behilflich zu sein, und wichtigste Kontaktpartner waren selbstverständlich die Berliner Psychoanalytiker. Am 1. April 1923 verlautbarten Abraham, Eitingon und Sachs in einem bisher unveröffentlichten Rundbrief des »Geheimen Komitees«: »Mit der psychoanalytischen Vereinigung in Moskau haben wir durch Vermittlung des Prof. Varga noch einmal Verbindung zu erhalten gesucht. V., früher Mitglied in B[udapest], ist Mitglied der russischen Botschaft und wird die Beförderung der Korrespondenz durch Kurier ermöglichen.«

So wurde ein ausgewiesener Ökonom und Berater Lenins – und später Stalins – zu einem Verbündeten der Psychoanalyse in Sowjetrußland. 1927, nach seiner Rückkehr aus Berlin, wurde Varga Direktor des Instituts für Weltwirtschaft und Weltpolitik. Diesen Posten bekleidete er bis 1947. Nach dem Zweiten Weltkrieg beschränkte er sich im wesentlichen auf wissenschaftliche Aktivitäten und zog sich aus der Politik zurück. Kurz vor seinem Tod distanzierte er sich vom Stalinismus, seine Kritik an der Sowjetunion wurde jedoch erst nach seinem Tod publiziert. Am 7. Oktober 1964 starb Jewgeni Varga in Moskau.

Was die damalige Geschäftssitzung des Berliner Psychoanalytischen Kongresses betraf, so schlug Freud nach einigem Hin und Her vor, der Kongreß möge die Zentralleitung ermächtigen, die Aufnahme der Moskauer Gruppe vorzunehmen, sobald die notwendigen Bedingungen erfüllt seien.

Letzter Punkt der Geschäftssitzung war die Frage des nächsten Kongresses. Georg Groddeck lud nach Baden-Baden ein, wo er ein Sanatorium besaß, in dem er organische Erkrankungen im Sinne der Psychosomatik behandelte. Paul Federn schlug Wien vor. Schließlich war es Salzburg, wo 1924 der 8. Internationale Psychoanalytische Kongreß stattfand.

Arthur Schnitzler, Albert Einstein
und »Die Fledermaus«

Jahreswechsel 1926/27

Nachdem Freud drei Jahre lang den Dunstkreis Wiens nicht verlassen hatte, entschloß er sich, Weihnachten und Neujahr 1926/27 in der deutschen Hauptstadt zu verbringen. Er und seine Frau wollten vor allem die Berliner Enkelkinder kennenlernen: die drei Jungen von Sohn Ernst und das Mädchen von Oliver. Das Ehepaar traf am ersten Weihnachtsfeiertag ein und stieg im Hotel »Esplanade« ab, das sich in der Bellevuestraße 16–18a zwischen Tiergarten und Potsdamer Platz befand.

Seine Entstehung verdankte das Hotel einer Initiative des Hochadels. Kaiser Wilhelm II. persönlich hatte den Wunsch geäußert, in Berlin ein »feudales Haus nur für allerhöchste Herrschaften«[122] zu haben. Die angesprochenen Spender brachten 25 Millionen Goldmark auf, und im Dezember 1908 wurde das 600-Betten-Hotel mit seiner 94 Meter langen Straßenfront eröffnet. Es war das luxuriöseste und technisch aufwendigste Hotel Berlins: »Es gab elektrische Aufzüge, statt Kerzen und Gasleuchten erhellten im ›Esplanade‹ 30 Bogenlampen und 6 000 Glühlampen die Räumlichkeiten. Es gab Telefon in allen Zimmern für internen und externen Sprechverkehr, ebenso Rohrpostleitungen und Telegrafiestationen für die Kommunikation nach draußen. Für das Haus- und das Personal der Gäste existierte eine gesonderte Rufanlage. Als besonderen Service des Hotels gab es in jeder Etage eine Kontrolldame, die drei Sprachen beherrschte. Im ›Esplanade‹ gab es auch die erste elektrische Großküche. Hier konnte für 1 000 Gäste gleichzeitig gekocht werden.«[123]

Mit der Weimarer Republik änderte auch das »Esplanade« seinen Charakter. Nun trafen sich hier Industrielle, Politiker, Schauspieler, Künstler und Schriftsteller. Im Februar 1945 wurde der Gebäudekomplex bei einem Bombenangriff schwer beschädigt. 1974 diente es u. a. als Kulisse für den Film »Cabaret« mit Liza Minelli. In den 1990er Jahren schließlich wurde ein Fragment des »Esplanade« mit hohem technischem Aufwand versetzt und in den Neubau des Sony Center integriert.

Freuds Wahl des »Esplanade« als Luxusabsteige und Intellektuellentreff zeitigte schon am Tag nach seiner Ankunft Folgen. Arthur Schnitzler nämlich hatte sich im selben Hotel einquartiert, und es kam zu einer überraschenden Begegnung.

Die Beziehungen zwischen beiden Männern waren äußerst vielschichtig und datierten aus den 1880er Jahren. Arthur Schnitzler hatte wie sein Vater, der ein berühmter Wiener Laryngologe (Kehlkopfspezialist) war, Medizin studiert und bis 1894 als Nervenarzt praktiziert. Zwischen 1886 und 1892 hatte er Freuds Übersetzungen der Arbeiten von Charcot und Bernheim in der Fachpresse besprochen. Der Chirurg Julius Schnitzler, Arthurs Bruder, gehörte zu Freuds Tarockpartnern. Doch obwohl die Wohnungen von Freud und Arthur Schnitzler nicht weit voneinander entfernt lagen und letzterer alle wichtigen Publikationen Freuds kannte, kam es lange zu keinem persönlichen Kontakt.

Erst 1906, aus Anlaß von Freuds 50. Geburtstag, gestand ihm Schnitzler in seinem Glückwunschschreiben, daß er aus dessen Schriften viele Anregungen für sein dichterisches Werk empfangen habe. Freud antwortete ihm seinerseits in bewegender Aufrichtigkeit:

Hotel »Esplanade«

»Seit vielen Jahren bin ich mir der weitreichenden Übereinstimmung bewußt, die zwischen Ihren und meinen Auffassungen mancher psychologischer und erotischer Probleme besteht, und kürzlich habe ich ja den Mut gefunden, eine solche ausdrücklich hervorzuheben (Bruchstück einer Hysterieanalyse, 1905). Ich habe mich oft verwundert gefragt, woher Sie diese oder jene geheime Kenntnis nehmen konnten, die ich mir durch mühselige Erforschung des Objektes erworben, und endlich kam ich dazu, den Dichter zu beneiden, den ich sonst bewundert.

Nun mögen Sie erraten, wie sehr mich die Zeilen erfreut und erhoben, in denen Sie mir sagen, daß auch Sie aus meinen Schriften Anregung geschöpft haben. Es kränkt mich fast, daß ich fünfzig Jahre alt werden mußte, um etwas so Ehrenvolles zu erfahren.«[124]

Doch dauerte es noch einmal ganze sechzehn Jahre, bis es zu einer persönlichen Begegnung kam.[125] Ausgangspunkt war ein längerer bekenntnishafter Brief Freuds: »Ich habe mich mit der Frage gequält, warum ich eigentlich in all diesen Jahren nie den Versuch gemacht habe, Ihren Verkehr aufzusuchen und ein Gespräch mit Ihnen zu führen [...]. Ich meine, ich habe Sie gemieden aus einer Art von Doppelgängerscheu. Nicht etwa, daß ich sonst so leicht geneigt wäre, mich mit einem anderen zu identifizieren oder daß ich mich über die Differenz der Begabung hinwegsetzen wollte, die mich von Ihnen trennt, sondern ich habe immer wieder, wenn ich mich in Ihre schönen Schöpfungen vertiefe, hinter deren poeti- schem Schein die nämlichen Voraussetzungen, Interessen und Ergebnisse zu finden geglaubt, die mir als die eige- nen bekannt waren. Ihr Determinismus wie Ihre Skep- sis – was die Leute Pessimismus heißen – Ihr Ergrif- fensein von den Wahrheiten des Unbewußten, von der Triebnatur des Menschen, Ihre Zersetzung der kulturell- konventionellen Sicherheiten, das Haften Ihrer Gedan- ken an der Polarität von Lieben und Sterben, das alles berührte mich mit einer unheimlichen Vertrautheit. [...] So habe ich den Eindruck gewonnen, daß Sie durch In- tuition – eigentlich aber infolge feiner Selbstwahrneh- mung – alles das wissen, was ich in mühseliger Arbeit an anderen Menschen aufgedeckt habe.«[126]

Schnitzler nahm diesen höchst aufschlußreichen Brief zum Anlaß, Freud in dessen Wohnung in der Berggasse 19 zu besuchen. Der Abend muß sehr angenehm verlaufen sein, denn der Hausherr ließ es sich nicht nehmen, seinen Gast zu Fuß nach Hause zu begleiten. In den nächsten Jahren kam es zu vier weiteren Begegnungen, von denen sich eine zufällig in der Wiener Innenstadt ergab. Und als Freud im Frühjahr 1926 wegen Herzbeschwerden vier Wochen in einem Wiener Sanatorium verbringen mußte, besuchte ihn Schnitzler zweimal.

Seitdem waren neun Monate vergangen. Während Freud die Begegnung im »Esplanade« unerwähnt ließ, hielt sie Schnitzler in einem Tagebuchbucheintrag vom 27. Dezember 1926 fest: »Im Hotel Begegnung mit Freud u. Frau. Heini vorgestellt. Über Schilder, Prinzhorn – ›für alle werd ich verantwortlich gemacht!‹.«[127] Heini war der Kosename von Schnitzlers Sohn Heinrich. Die Erwähnung der anderen zwei Personen und der von Schnitzler wiedergegebene Freudsche Stoßseufzer legen die Vermutung nahe, daß das Treffen nicht nur aus einem Sichbekanntmachen und dem Austausch von Höflichkeiten bestand, sondern daß man sich Zeit nahm für Fragen, die beide interessierten.

Paul Schilder (1886–1940) und Hans Prinzhorn (1886–1933) waren sowohl Freud als auch Schnitzler bekannt. Zu dem Psychiater Schilder, der zwischen 1919 und 1932 Mitglied der Wiener Psychoanalytischen Vereinigung war, hatte Freud eine ambivalente Einstellung. Arthur Schnitzler, der in diesen Berliner Tagen gerade Schilders Buch »Medizinische Psychologie für Ärzte und Psychologen« las, wird Freud daraufhin angesprochen und nach dessen Meinung gefragt haben. Hans Prinzhorn hatte sich im Herbst 1921 für einige Wochen in Wien aufgehalten, wo er am 12. Oktober vor der Wiener Psychoanalytischen Vereinigung »Über Zeichnungen Geisteskranker und Primitiver« sprach und Anfang November von Freud zu einem privaten Besuch empfangen wurde. Schnitzler kannte Prinzhorns Veröffentlichungen zu diesem Thema und hatte ihn Anfang 1924 zum erstenmal getroffen.[128] Freud schrieb über seinen Eindruck von Prinzhorn an Ludwig Binswanger, der ihn Freud empfohlen hatte: »Dr. Prinzhorn hat uns einen recht interessanten Vortrag gehalten, der sich freilich von der Analyse ferngehalten hat.«[129]

So wird verständlich, daß er auf die Frage nach den beiden Männern eher klagend auf den Umstand hinwies, oft für Äußerungen und Handlungen von Personen »verantwortlich gemacht« zu werden, denen er mehr oder weniger distanziert gegenüberstand. Der weitere Kontakt zwischen Freud und Schnitzler bis zu dessen Tod im Jahre 1931 beschränkte sich auf Glückwünsche zu den Geburtstagen.

Am 27. Dezember erfuhr Freud von der Möglichkeit, Albert Einstein zu treffen. Beide Männer kannten sich nicht und hatten bisher auch nicht miteinander korrespondiert. Allerdings war Einstein zur Berliner Feier von Freuds 70. Geburtstag am 6. Mai 1926[130] – übrigens gleichfalls im Hotel »Esplanade« – erschienen. Da Freud damals nicht anwesend war, wurde die Begegnung im Dezember 1926 in Berlin die erste und einzige zwischen den beiden großen Juden. Wer das Ganze angeregt und vorbereitet hat, ist bis heute nicht ganz geklärt.

Jedenfalls erschien Albert Einstein in Begleitung seiner Frau Elsa am Mittwoch, dem 29. Dezember, in der Wohnung von Freuds Sohn Ernst in der Regentenstraße. Noch am selben Abend berichtete Freud seiner Tochter Anna nach Wien: »Einstein war sehr interessant, heiter, glücklich, wir haben 2 St[unden] gesprochen, auch diskutiert, mehr über Analyse als über Relativ[itätstheorie]. Er liest grade, hat natürlich keine Überzeugung. Er sieht älter aus, als ich erwartet, 48 J!«[131] Und nach seiner Rückkehr nach Wien erzählte er Sándor Ferenczi: »Ja, mit Einstein habe ich auch zwei Stunden verplaudert, er kam mit seiner Frau zu Ernst, um mich zu sehen. Er ist heiter, sicher und liebenswürdig, versteht von Psychologie soviel wie ich von Physik, und so haben wir uns sehr gut gesprochen.«[132]

Ein reichliches Jahr später sollte sich diese Einschätzung auf unerwartete Weise bestätigen. Als Heinrich Meng, ein Arzt und Anhänger Freuds, Einstein bat, Freuds Nominierung für den Nobelpreis zu unterstützen, antwortete dieser: »Bei aller Bewunderung für die geniale Leistung von Freud kann ich mich nicht entschließen, im vorliegenden Falle zu intervenieren. Ich kann über den Wahrheitsgehalt der Freud'schen Lehre nicht einmal für mich selbst eine Überzeugung gewinnen, viel weniger ein Urteil fällen, das auch für andere maßgebend sein soll. Ferner möchte ich Ihnen zu bedenken geben, daß es fraglich erscheint, ob die Leistung eines Psychologen wie Freud in den Bereich des Nobel-Preises für Medizin fällt, der doch wohl allein in Betracht gezogen werden kann.«[133] Bis zu diesem Zeitpunkt war Freud bereits sechsmal erfolglos für den Nobelpreis vorgeschlagen worden. Auch die weiteren sechs Nominierungen zwischen 1929 und 1938 scheiterten.

Im Februar 1929 kam es zu einem intensiveren Briefaustausch. Anlaß war die Bitte Einsteins, Freud möge einer von Carl Frankenstein gegründeten Gesellschaft zur Unterstützung jüdischer Wissenschaftler, Künstler und Schriftsteller seinen Namen leihen. Freud antwortete zustimmend und setzte die Korrespondenz mit einem Glückwunsch zu Einsteins 50. Geburtstag am 14. März fort.

Im November 1931 hatte Einstein die Idee, mit Freud und dem Physiker Paul Langevin in einen Briefwechsel über Fragen der Friedenserhaltung zu treten. Die Organisation dieser Korrespondenz übernahm das zum Völkerbund gehörende Pariser »Institut International de Coopération Intellectuelle«, ein Vorläufer der UNESCO, das die Briefe zum Thema »Warum Krieg?« von Freud und Einstein 1933 auf deutsch, englisch und französisch ver-

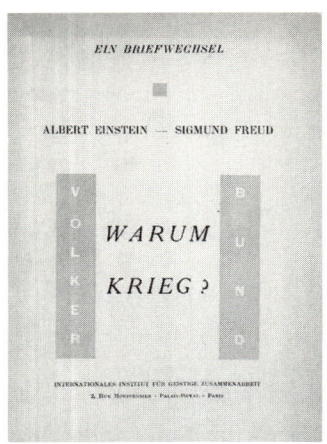

Albert Einstein/Sigmund Freud
»Warum Krieg?«

öffentlichte. Eine holländische Ausgabe erschien wenig
später.

1936 wechselten die beiden Männer einige Briefe, in
denen es um den Wahrheitsgehalt der psychoanalytischen Theorien ging. Einstein war ja über viele Jahre in
dieser Beziehung sehr skeptisch gewesen, auch wenn ihn
die »spekulative Kraft« von Freuds Gedankengängen immer sehr beeindruckt hatte. Im April 1936 bekannte er
jedoch: »In letzter Zeit aber hatte ich Gelegenheit, von
einigen an sich geringfügigen Fällen zu hören, die jegliche abweichende Auslegung (von der Verdrängungs-
Lehre abweichend) nach meiner Überzeugung ausschlie-
ßen. Dies empfand ich als beglückend; denn es ist stets
beglückend, wenn eine große und schöne Idee sich als in
Wirklichkeit zutreffend erweist.«[134]

Einsteins letzter Brief erreichte Freud wenige Wochen
vor dessen Tod. Es war noch einmal eine Würdigung der
besonderen Art: »Ganz besonders bewundere ich Ihre

Leistung, wie alle Ihre Schriften, vom schriftstellerischen Standpunkte aus. Ich kenne keinen Zeitgenossen, der in deutscher Sprache seine Gegenstände so meisterhaft dargestellt hat.«[135]

Neben den Begegnungen mit Schnitzler und Einstein verbrachte Freud seine Zeit mit den Kindern und den Enkeln, die vor allem der Grund seiner Reise gewesen waren. Und der Großvater zeigte sich begeistert: »Der stärkste Eindruck von Berlin ist das kl. Evchen [Tochter von Sohn Oliver], eine genaue Wiederholung von Heinele, viereckiges Gesicht mit kohlschwarzen Augen, dasselbe Temperament, Leichtigkeit im Reden, Gescheitheit, sieht zum Glück kräftiger aus, war unwohl und zuerst nicht gnädig.«[136] Drei Tage später fand er sie aber schon »sehr zärtlich«. Sie erinnerte ihn an seinen im Alter von knapp fünf Jahren an Tuberkulose gestorbenen Enkel Heinz, genannt Heinele, den Sohn seiner Lieblingstochter Sophie, die 1920 in Hamburg gestorben war. Ihr verwitweter Mann Max Halberstadt besuchte seine Schwiegereltern zusammen mit seinem Sohn Ernst einen Tag vor Silvester.

Für denselben Tag, den 30. Dezember, hatte Max Eitingon den Besuch einer russischen Aufführung der »Fledermaus« organisiert. Diese Strauß-Operette hatte am 6. Dezember 1926 unter der musikalischen Leitung von Franz Schönbaumsfeld ihre Berliner Premiere gehabt. Ab dem 23. Dezember gab Nikita Balieff mit seinem »Théâtre de la Chauve-Souris« in Berlin ein »Fledermaus«-Gastspiel.[137] Das russische Theater hatte Paris, London und New York im Sturm erobert, und Eitingon war durch seine vielfältigen Kontakte zu russischen Künstlern und Intellektuellen in das russische Kulturleben Berlins fest eingebunden.

Freud hielt sich nicht für musikalisch, hatte nie ein Instrument gelernt und auch kein Konzert besucht. Allerdings ging er von Zeit zu Zeit in die Oper und hat auch von diesen Besuchen zum Teil anschauliche Berichte geliefert. In der Operette war er bis zu diesem »Fledermaus«-Gastspiel nur zweimal gewesen, und zwar während seiner zahlreichen Italienreisen.

Während der ganzen Woche seines Aufenthalts war in Berlin schlechtes Wetter, so daß Freud außer den geschilderten Kontakten nichts weiter unternahm bis auf ein Konsilium, zu dem ihn Max Eitingon und Ernst Simmel gedrängt hatten. An Ferenczi schrieb er lakonisch: »Zur Abschreckung verlangte ich 1000 Mk., sie wurden zugestanden, aber nicht bezahlt.«[138]

Am Abend des 1. Januar 1927 fuhren die Freuds mit dem Schlafwagen nach Wien zurück.

Die Anpassung der Kieferprothese

Ende Februar 1923 entdeckte Freud in seinem Mund kleine Veränderungen der Schleimhäute. Im April bat er seinen Arzt Felix Deutsch, sich die Stelle anzusehen. Obwohl dieser Krebsverdacht hatte, stellte er, um Freud zu beruhigen, die Diagnose »Leukoplakie«, bei der es sich um eine begrenzte weißliche Veränderung der Mundschleimhaut handelt, die unter Umständen in einen bösartigen Tumor übergehen kann, aber nicht muß. Doch schon Ende April wurde eine erste Operation erforderlich, der im Herbst weitere drei folgten. Freuds behandelnder Kieferchirurg, Professor Hans Pichler, fertigte in dieser Zeit eine erste Prothese an. Im Laufe der folgenden sechzehn Jahre mußte die Prothese entweder ständig angepaßt oder ganz erneuert werden.

Als sich im Frühjahr 1928 auch die fünfte Prothese als kaum tragbar erwies, wurde auf Drängen von Freuds Sohn Ernst beschlossen, den renommierten Kieferchirurgen Hermann Schröder von der Berliner Charité einzuschalten. Professor Schröder wollte im Juni nach Wien kommen, um sich selbst einen Eindruck zu verschaffen, war aber im letzten Moment verhindert und entsandte seinen Schüler Franz Ernst. Über dessen Besuch am 23. Juni 1928 schickte Freud folgenden Bericht nach Berlin an Max Eitingon: »Also Prof. Ernst war gestern bei mir, hat wirklich in aller Nüchternheit versprochen, daß ich in etwa vier Wochen eine Prothese haben kann, die von den ärgsten Beschwerden frei macht, und läßt mich nun auf die Aufforderung warten, zu Schröder oder zu ihm zur Behandlung zu kommen. Ich denke, es wird noch in der heute beginnenden Woche geschehen, und wenn alles gut geht, kann ich anfangs August zurück sein. Anna geht mit mir.«[139]

Wie die weitere Entwicklung zeigte, verliefen die Dinge bei weitem nicht so glatt, wie Freud gehofft hatte. Der erste Besuch in Berlin verzögerte sich, so daß er nicht Anfang August zurück war, sondern sich erst Ende August auf die Reise begab. Ihr eigentlicher Zweck wurde geheimgehalten, u. a. um eine Kränkung Professor Pichlers zu vermeiden. Offiziell hieß es, Freud besuche seine Kinder und Enkel. Am 30. August 1928 reiste er in Begleitung seiner Tochter Anna aus Wien ab.

Kampf mit der Prothese

Die Prothesenanpassung sollte etwa vier Wochen in Anspruch nehmen. Bereits am 1. September um 10 Uhr früh stellte sich Freud bei Hermann Schröder vor. Über den ersten Eindruck schrieb er an seine Frau: » Um 10^h bei Schröder gewesen. Er hat uns beiden sehr gefallen. Anna sagt: ein gutmütiges Seehundgesicht. Sieht zehn Jahre älter aus, als er ist, hat sich schändlich im Leben geplagt. Spricht wenig, bestimmt und zuverlässig. Beim Weggehen heute meinte er: Ich bin ganz im Bilde, werde viel mit Ihnen zu tun haben. Erläuterte dann, was er vor hat [...]. Auf die Frage nach der Fortsetzung der Behandlungen meinte er nur, kommen lassen u. weiterarbeiten, möglich, daß Sie manchmal einige Tage nicht können werden. Ich berührte trotz seiner lebhaften Abwehr die Honorarfrage, er muß wohl gemerkt haben, daß es mir damit Ernst ist, verschob es mit den Worten: Zuerst möchte ich Ihnen helfen. Als er mir dann durch-

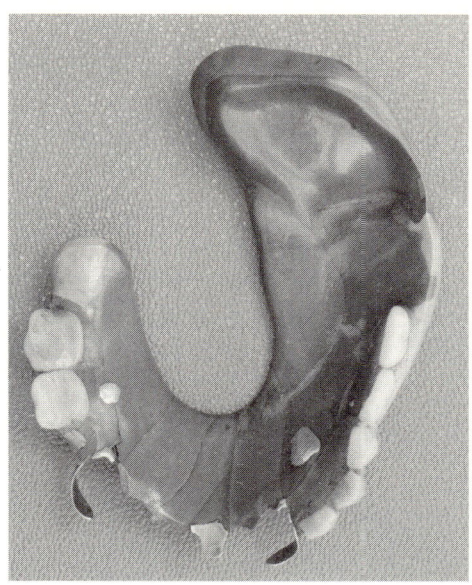

Freuds Kieferprothese

aus in den Lodenmantel helfen wollte, wagte ich die
Bemerkung: Das ist nicht die Art Hilfe, die ich von
Ihnen erwarte. Damit erspare ich mir auch, vom Wetter
zu berichten.«[140]

Hermann Schröder (1876–1942) hatte in Kiel, Berlin
und Erlangen studiert und arbeitete zunächst am Kieler
Zahnärztlichen Institut und der chirurgischen Univer-
sitätsklinik. Später erhielt er einen Lehrauftrag für Zahn-
heilkunde an der Universität Greifswald. Dort habili-
tierte er sich 1907, und noch im selben Jahr ging er an die
Berliner Charité. Die nächsten 35 Jahre bestimmte er
maßgeblich die Entwicklung an der dortigen Zahnklinik,
deren neues Gebäude 1912 in der Invalidenstraße eröffnet wurde. Es war die »modernste, geräumigste und am
besten ausgestattete«[141] Zahnklinik Europas.

Hermann Schröder
Professor für Kieferchirurgie, 1925

Für Freud wurde es höchste Zeit, daß etwas unternommen wurde, hing doch die Prothese nur noch an zwei Zähnen. Während Schröder an der Prothese arbeitete, bekam Freud ein »Provisorium«, mit dessen Hilfe er essen und sprechen konnte. Außerdem mußten ihm die Zähne abgeschliffen werden, damit die angepaßte Prothese besser saß. Sein einziger Kommentar dazu: »Das Zahnabschleifen ist recht langweilig.«[142] Die ganze Prozedur war schwieriger als erwartet, und Freud wurde zunehmend skeptisch, was den Zeitplan betraf. Seiner Frau schrieb er: »Vormittag war ich von ½10–12^h bei Schr. Der vorletzte Zahn ist gefallen, das Provisorium, mit dem ich essen, rauchen und Geld verdienen soll, hat viel Zeit gebraucht. Schr. ist liebenswürdig wie eine Kinderfrau. Heute hat er übrigens unaufgefordert wiederholt, daß wir im Sept. fertig werden.«[143]

Schließlich gewöhnte sich Freud an die provisorischen Zähne, auch wenn er mit ihnen nichts Hartes kauen konnte. Mitte September wurde klar, daß die vorgesehenen Termine nicht zu halten waren. Das zahntechnische Laboratorium würde zwar die Prothese bis Ende September fertigstellen, doch erst dann konnte die eigentliche Anpassung beginnen. Zu allem Unglück fiel einer der beiden künstlichen Zähne, die das Provisorium hielten, heraus, und Freud mußte ihn neu einkitten lassen. Danach hatte er erhebliche Beschwerden, die er stoisch kommentierte: »Es kann nicht alles Honiglecken sein während einer solchen Behandlung.«[144]

Am 21. September probierte Schröder zum erstenmal die neue Prothese aus, doch bis zur Entlassung seines Patienten dauerte es noch fast vier Wochen. In dieser Zeit schwankte Freuds Stimmung zwischen Hoffnung und Skepsis. Mal fand er: »Ich trage das neue Stück, noch nicht ganz fertig, es verspricht gut zu werden«[145], dann wieder fügte er sich resigniert in sein Schicksal: »Unterdes lasse ich mir die Beschwerden u. Wechselfälle der Übergangsphasen gefallen.«[146]

Am 17. Oktober schließlich zeichnete sich ein Ende des Aufenthalts ab, nachdem Schröder am Vortag die letzte Anpassung vorgenommen hatte. In der heimatlichen Berggasse traf folgendes Statement ein:

»Der gestrige Dienstag ohne Prothese konnte nicht angenehm sein. Abends bekam ich sie wieder, sauber ausgeführt. Und nun merke ich, daß die Würfel gefallen sind. Ich bin sozusagen fertig. Der Gewinn ist so groß, daß ich nicht bereuen darf, hieher gekommen zu sein. Alle Leistungen sind soviel besser, daß ich existieren könnte, auch wenn Schr. nicht verspräche, daß die Gewöhnung eine täglich fortschreitende Besserung mit sich bringen wird. Es ist natürlich kein Ideal, über das man in laute Begeisterung ausbrechen kann. Es gibt noch eine Reihe von störenden Empfindungen, von denen der nicht Operierte nichts weiß, aber die muß man sich gefallen lassen, lernt wahrscheinlich, sie zu übergehen, da sie sich nicht wie bei P[ichler]'s Prothese beständig ändern und steigern.

Schr. will mich in einem halben Jahr wiedersehen. Man wird dann die Prothese wesentlich verkleinern können. Wie ein richtiger Uhrmacher will er mich jetzt noch eine Weile beobachten, und ich will die Heimreise nicht übereilen.

Und jetzt etwas Merkwürdiges! Ich bin unerwartet reich geworden u. kann mich darüber nicht freuen. Ich fing an, daß ich jetzt das Ende der Behandlung herannahen sehe u. darum mir zu sagen bitte, wieviel und wohin ich ihm überweisen solle, da ich den Betrag erst mobil machen müsse. Darauf schickte er das Frl. hinaus, setzte eine ernste Miene auf u. sagte: Wir werden Ihnen

Zahnklinik der Charité in der Invalidenstraße

eine genaue Rechnung übergeben für den Techniker u. das Material, für meine Arbeit rechne ich nichts. Sie sind der u. der, Sie haben schon so vielen geholfen, ich freue mich, daß ich Ihnen helfen kann, und nun reden wir nicht mehr davon. Das war so ernsthaft und aufrichtig gesprochen, daß ich nichts zu antworten wußte. Es ist sehr schön von ihm u. ehrenvoll für mich, aber es ist mir nicht ganz recht. Ich war auf etwa M 10 000 vorbereitet – wenn er mir aus Kollegialität etwa die Hälfte berechnet hätte, hätte ich mich reich und leicht gefühlt. So weiß ich noch nicht, was ich tun soll. [...]

Noch eines; heute ist meine Sprache gar nicht gut. 24 Stunden haben die Bekanntschaft der Gewebe mit der neuen Platte noch nicht intim werden lassen. Wenn das sich nicht bald bessert, hätte ich mich bei Schr. beklagt.

Darf man sich aber auch beklagen, wenn die Prothese geschenkt ist?

Allerdings tue ich dabei dem braven Alten (er ist 15 J. jünger als ich) Unrecht, kein Zweifel, daß er sein Bestes tut ohne jede andere Rücksicht.«[147]

Am 30. Oktober 1928 trafen Vater und Tochter wieder in Wien ein. Das Leben mit der neuen Prothese war besser erträglich, »ohne darum eitel Behagen zu sein«[148]. Vom 11. bis zum 23. März 1929 erfolgte der von Schröder vorgeschlagene Kontrollbesuch. Danach war Freud relativ optimistisch und hoffte auf eine »brave Prothese«[149], die den nächsten Aufenthalt möglichst lange hinauszögern sollte.

Doch diese Hoffnung erfüllte sich nicht. Mitte August war klar, daß ein erneuter längerer Aufenthalt unumgänglich war. Am 15. September 1929 trafen Vater und Tochter wieder in Berlin ein. Nach den ersten vierzehn Tagen formulierte Freud seine inzwischen sehr gedämpften Erwartungen so: »Die erste Woche bei Schröder brachte die versprochene Verkleinerung der Prothese und damit eine dauernde Erleichterung ersten Grades. Die weiteren Bemühungen um ihre feinere Anpassung haben nach meiner Empfindung wenig Erfolg gehabt. Als er mir gestern ankündigte, er gedenke sie sehr bald endgiltig abzugießen, erschrak ich eigentlich, so wenig bin ich mit der Sprache und den Sensationen im Munde zufrieden. Vielleicht, weil ich noch immer nicht gelernt habe, wieviel – oder wie wenig – man von einer Kieferprothese erwarten darf. Die ganze Arbeit ist in der Tat guess-work, man hat keine richtigen Anhaltspunkte, wie sie gut zu machen ist. Das abschließende Urteil über solche Körperersätze hat unser großer Dichter[150] gesprochen, wahrscheinlich hatte er anderes dabei im Sinn. Ich meine die traurigen Zeilen: Anfangs wollt' ich fast verzagen – und ich glaubt', ich trüg es nie – und ich hab' es doch getragen – aber fragt mich nur nicht, wie.«[151]

Auch Schröder schien zunehmend skeptischer zu werden; zumindest erwartete er nicht mehr, daß sich Freuds Prothesenproblem durch gelegentliche Konsultationen beheben ließen. Aus diesem Grunde drängte er seinen Patienten, nach Berlin überzusiedeln, und bot ihm an, im Westen der Stadt ein Haus für ihn und seine Familie ausfindig zu machen. Für Freud war das anfangs eine große Versuchung, doch lehnte er schließlich ab, da er den Umzug und das hiesige Leben für zu teuer hielt.

Als Alternative wurde der mit Freuds Hausarzt Max Schur befreundete Zahnarzt Joseph Weinmann nach Berlin geschickt, »damit er sich von Schr. Anweisungen zur Überwachung der Prothese«[152] hole. Freuds erster Eindruck war eher ernüchternd: »Gestern war D. Weinmann, der junge Zahnarzt aus Wien, mit mir bei Schr. Er versteht fast nichts von der Sache, ist aber sehr dafür interessiert, u. Schröder tut alles, um ihn zu unterrichten in den Tagen dieser Woche, die er hier verbringt. Er wird mir wenigstens sagen können, wann ich wieder nach Berlin gehen muß, und verhüten, daß ich wie diesmal mit einem ausgedehnten Druckgeschwür komme.«[153] Zu diesem Zeitpunkt war Freud ziemlich enttäuscht, doch durch eine Veränderung der Prothese gelang es Schröder, seine Sprachfähigkeit zeitweilig zu verbessern und damit auch seine Stimmung zu heben. Am 26. Oktober 1929 war Freud in »recht gebessertem Zustand«[154] wieder zurück in Wien.

Doch schon Mitte November verschlechterte sich sein Zustand so, daß er erwog, Schröder bereits im Frühjahr 1930 wieder aufzusuchen. Doch dann fügte es sich, daß einer von dessen Assistenten in Wien Urlaub machte und ihm »vorläufige Besserung«[155] verschaffte. Am 5. Mai schließlich trat Freud seine letzte Reise nach Berlin an, die ihn fast vier Monate dort festhielt.

Gleich am ersten Tag eröffnete ihm Schröder, daß er die Prothese nicht mehr ausbessern wolle, sondern eine neue anfertigen werde. Als er an den Geplagten die Frage richtete, wie lange er dafür Zeit habe, bekam er die charakteristische Antwort: »Ich bin heute 74, dann können Sie sich's ausrechnen.«[156] Die neue Prothese bestand zum Teil aus Gold, zum Teil aus Hartgummi. Das goldene Stück war Ende Mai fertig und schien wie angegossen zu passen. Vierzehn Tage später hatte Freud die gesamte Prothese im Mund, sie gestattete ihm, »ohne Schwierigkeit zu essen und zu trinken, belästigt (vorläufig) sehr wenig, die Sprache ist aber noch nicht hergestellt, auch das Rauchen würde noch nicht gehen. Erfahrungsgemäß ist das in den folgenden zwei Wochen fertig zu machen.«[157]

Doch war das eine viel zu optimistische Einschätzung. Die ständigen Änderungen zermürbten ihn so, daß er Ende Juni »nur fertig sein möchte, gut oder schlecht«[158]. Am 11. Juli erläuterte er seiner Frau die Lage: »Mit der Prothese steht es so: Sie ist offenbar nicht schlecht, denn die Sprache ist recht gut, manchmal vortrefflich. Aber ich habe Schmerzen, die nach Schr. von einer großen Wunde herrühren. Er will mich nicht reisen lassen, ehe die geheilt ist, und es wäre auch offenbar sehr unzweckmäßig. Er ätzt energisch u. hat mich auch wieder auf Montag (14ʰ) bestellt. Es ist also einfach nicht zu sagen, wann ich freikomme.«[159] Am 24. Juli 1930 war es endlich soweit, und Freud verließ die Stadt, in die er nicht wieder zurückkehren sollte.

Wie ist die Arbeit Schröders aus heutiger Sicht zu beurteilen? Felix Blankenstein vom Zentrum für Zahnmedizin der Berliner Charité kommt zu folgender Einschätzung: »Der arme Schröder versucht wirklich alles, muß aber letztlich an der Tatsache scheitern, daß das Freudsche Gewebe einfach nicht zur Aufnahme des Prothesendruckes geeignet ist. Heute würde man es wohl mit weich bleibenden Materialien versuchen. Für Freud ist also eine der wichtigsten Funktionen des neuen Zahnersatzes auch, daß er weiter rauchen kann. Heute hätte man ihm dies mit allen Mitteln auszutreiben versucht. So können solche Wunden nie richtig heilen.«[160]

Trotz des mäßigen Erfolgs blieb Freud seinem Arzt zeitlebens gewogen. Ende 1932 schenkte er Schröder ein Exemplar seiner gerade erschienenen »Neuen Folge der Vorlesungen zur Einführung in die Psychoanalyse« mit folgender Widmung: »Dem unvergessenen, gütigen / Helfer / Prof. Dr. H. Schröder / mit herzlichen Grüßen«[161].

Freuds Kampf mit der Prothese sollte noch fast neun Jahre weitergehen. Schon im Sommer 1931 kam Professor Varaztad Kazanjian, die einschlägige Kapazität von der Harvard University, auf Initiative von Ruth Mack Brunswick und Marie Bonaparte nach Wien. Er verlangte 6 000 Dollar, verkleinerte die Prothese wesentlich und fertigte zwei weitere an, u. a. eine Weichgummiprothese, mit der Freud wesentlich besser sprechen, aber nicht rauchen konnte. Zudem biß er sich immer wieder auf die Zunge.[162] Doch auch mit diesen Hilfsmitteln besserte sich Freuds Lebensqualität nicht. Noch bis 1938 nahmen verschiedene Ärzte Änderungen an den Prothesen vor oder setzten alte wieder ein. Ende September 1939 war für Freud alles »nur mehr Quälerei«[163], und er bat seinen Arzt Max Schur, seinem Leben ein Ende zu setzen.

Freuds Domizil:
Sanatorium Schloß Tegel

Als entschieden war, daß ein längerer Berlin-Aufenthalt nicht zu umgehen war, erhob sich die Frage, wo Freud wohnen sollte. Um allen Auseinandersetzungen um eine Gastgeberschaft zuvorzukommen, hatte er an seinen Sohn Ernst geschrieben: »Wenn ich in Berlin bin, möchte ich doch am liebsten in Tegel wohnen. Denn ich werde leistungs- und genußunfähig sein und einen Park mehr schätzen als die Großstadt. Gastfreundschaft nehme ich von Simmel natürlich nicht an; nur das Honorar für ärztliche Behandlung braucht mir das Sanatorium nicht aufzurechnen.«[164]

Das Sanatorium Tegel war im April 1927 als erste stationäre psychoanalytische Einrichtung der Welt unter Leitung von Dr. Ernst Simmel eröffnet worden. Simmel, der schon 1920 gemeinsam mit Max Eitingon die Psychoanalytische Poliklinik gegründet hatte, hatte lange versucht, auch für eine stationäre Einrichtung öffentliche Mittel lockerzumachen, was aber nicht gelang, so daß schließlich private Sponsoren das Sanatorium finanzierten. Ziel der Klinik war es, »die Psychoanalytische Methode Freuds, die bisher nur dem ausgehfähigen, die ärztliche Sprechstunde aufsuchenden (›ambulanten‹) Neurotiker erreichbar war, weitgehend in den Dienst klinisch kranker Menschen zu stellen. Die Psychoanalytische Klinik will also in erster Linie solchen Kranken dienen, die infolge der Schwere und Ausdehnung ihres neurotischen Symptombildes ambulant entweder gar nicht behandelt werden können oder bei denen sich die ambulante Behandlung allein als unzureichend erweist, um den Heilerfolg – in den gegebenen zeitlichen Grenzen – zu erzielen.«[165]

Das Sanatorium, das 25 bis 30 Patienten aufnehmen

Psychoanalytisches Sanatorium Tegel

Ernst Simmel
Direktor des Sanatoriums Tegel

konnte, lag am Tegeler See inmitten eines sechs Hektar
großen Parks der Familie von Humboldt. Wilhelm und
Alexander von Humboldt hatten auf dem im Park ge-
legenen Familienschloß ihre Kindheit verbracht und sind
dort auch begraben. Die innenarchitektonische Gestaltung hatte Freuds Architektensohn Ernst übernommen.
Simmel schrieb in seinem Rundbrief, daß für die Wahl
des Ortes der »Reiz der Landschaft« ausschlaggebend
gewesen sei. Sicher spielte auch eine Rolle, daß mit den
Humboldt-Nachfahren ein günstiger Pachtvertrag aus-
gehandelt werden konnte. Die Landschaft um den See
jedenfalls empfand Freud als »recht lieblich, etwa hollän-
disch, der Ort Tegel wie Wandsbek«[166].

Freud im Schloßpark Tegel

Von Freud gibt es ein von Ernst Simmel aufgenommenes Foto, das ihn zeigt, wie er den Sanatoriumspark erkundet. Offensichtlich schickte Simmel dieses Foto an verschiedene Personen, u. a. an Annas Freundin Eva Rosenfeld. Auf der Rückseite notierte er: »Umstehend eine Ansicht aus Tegel – Prof. Freud mit Anna Freud und Dorothy Burlingham spazierengehend, aus der Vogelperspektive gesehen.«

Zusammen mit Anna war Freud im Ärztehaus untergebracht, in dem auch Ernst Simmel wohnte. Bei ihrer Ankunft am Morgen des 31. August 1928 wurden sie auf dem Bahnhof von Max Eitingon, Ernst und Oliver in Empfang genommen. Auch Olivers Frau und ihre Tochter Eva waren gekommen. Freud fand, daß »Evchens« »Augen noch schwärzer sind und noch klüger schauen als vor einem Jahr«.[167] Auf der Fahrt nach Tegel besprach er mit Ernst die Finanzierung des Aufenthalts. Er wollte Simmel 70 Mark pro Tag für Kost und Logis zahlen inklusive Auto, das man ihm für Fahrten in die Stadt in Aussicht gestellt hatte. Über die Unterbringung schrieb Freud an Martha: »Die Räumlichkeiten, die wir bewohnen, drei Zimmer mit Bad und zwei Terrassen in den Garten, sind als fürstlich nicht überschätzt. Unser Garten ist durch ein Gitter von dem größeren des Sanat. abgetrennt. Wir haben ein eigenes Mädchen, Else, Brillenträgerin von märchenhafter unweiblicher Häßlichkeit (sie muß aber doch ein Frauenzimmer sein, denn sie trägt kurze Röcke). Das Sanatorium liegt offenbar unsichtbar zu unseren Füßen [...]. Daß in meinem Arbeitszimmer nur zwei Bilder von mir hängen, wird Euch vielleicht als zu wenig vorkommen, mir genügt es.«[168]

Eines der drei Zimmer war als Behandlungsraum vorgesehen, da Freud plante, auch während seines Berlin-Aufenthalts Patienten zu behandeln und Schüler zu analysieren. Da er seit Mitte der zwanziger Jahre – wahrscheinlich im Zusammenhang mit seiner Krebserkrankung und den vielen chirurgischen Eingriffen – auf dem rechten Ohr so gut wie nichts hörte, war das Sofa so gestellt worden, daß er mit seinem gesunden Ohr dem Patienten zugewandt war. Für die Analysanden waren die Stunden von 12 bis 13 und 15 bis 19 Uhr vorgesehen.

Als einer der ersten Patienten hatte sich der millionenschwere schwedische Industrielle Johannes Ruths angekündigt. Er hatte ein Verfahren zur Wärmespeicherung, den sogenannten »Ruths-Speicher«, entwickelt, der Wasser ständig am Kochen hält. Der Schwede, der zu dieser Zeit im Zusammenhang mit der Installation seiner Spei-

Freud mit Tochter Anna
Tegel 1928

cher viel in Berlin war, bot Freud eine größere Summe an, falls dieser nach Berlin übersiedeln würde. Zumindest eine Zeitlang hat Freud das wohl auch ernsthaft erwogen.

Während des Aufenthalts 1928 litt Freud sehr unter dem Wetter. Zunächst war es sehr heiß, doch Anfang Oktober wurde es ziemlich kalt, und da er die Zentralheizung nicht vertrug, versuchte er, so lange wie möglich ohne sie auszukommen. Das Berliner Klima allerdings empfand er als viel gesünder als das Wiener.

Die ersten noch schönen Tage im September nutzte er, um den Tegeler See zu erkunden. Anna oder Oliver ruderten ihn zu einer der Inseln, auf denen die Berliner ihre Kleingartenkolonien hatten. Auch einer seiner Lieblingsbeschäftigungen, dem Pilzesuchen, konnte er im Garten des Sanatoriums nachgehen. Seine Söhne – seltener seine Schwester Maria – besuchten ihn oft in Tegel, gelegentlich auch mit den Enkeln und Schwiegertöchtern. Häufig aber kamen sie allein zum Abendessen und zum Tarockspielen. Über die Tatsache, daß ihn Max Eitingon oft spätabends noch besuchte, schien er nicht sonderlich begeistert.

Wenn es das Wetter zuließ, fuhr Freud mit Anna oder einem der Söhne zu einer Besichtigungstour in die Stadt. So frischte er im September 1929 bei einem Spaziergang Unter den Linden alte Erinnerungen auf, die zum Teil über vierzig Jahre zurücklagen. Im Sommer des folgenden Jahres nahm er das neue Wannseestrandbad in Augenschein, das 1927, nach seiner Erweiterung, als modernes »Weltstadtbad« eingeweiht worden war.

So gab es immer wieder Lichtblicke und Momente des Genusses. Während seines letzten Aufenthalts, im Frühjahr 1930, versicherte er seinen Lieben zu Hause: »Ich genieße hier ein Stück der Ferien, es ist wunderschön in diesem Park, gegen den sich die Zimmer so gar nicht ab-

Aufstieg zu einem Rundflug über Berlin
29. Oktober 1928

schließen. Der Wind geht durch den großen Kastanien-
baum so nahe dem Fenster, so daß der Wechsel von
Lichtern und Schatten auf meinem Briefbogen mich
kaum schreiben läßt. Es wäre so wunderschön, wenn
man gesund wäre, z. B. eine Zigarre rauchen dürfte und
nicht den Druck der Prothese zu spüren brauchte. Aber
dann wäre man überhaupt nicht hier, und darum gewöhnt man sich das Wünschen wieder ab.«[169]

Zeppelin über Berlin, 22. Juni 1930

Um über die politischen und lokalen Geschehnisse in
Wien auf dem laufenden zu bleiben, ließ sich Freud die
Wiener »Neue Freie Presse« nachschicken, obwohl er sie
genauso langweilig fand wie die Berliner Zeitungen.

Ein Ereignis, das sich während seines ersten Tegel-
Aufenthalts Ende September zutrug, ist charakteristisch
für den Psychologen und Hundehalter Freud. Im Wirt-
schaftshof des Sanatoriums wurden zwei Schäferhunde
an der Kette gehalten, weil Ernst Simmel Angst vor
Hunden hatte. Freud und Anna befreiten eines der Tiere,
nahmen es zu sich, und der Hund gewöhnte sich an die
beiden. Simmel war bei der Aktion zugegen und warnte
Freud vor den Folgen, da das Tier sehr bösartig sei. Das
kümmerte diesen wenig, und der Hund dankte ihm seine
Befreiung mit einem freundlichen Lecken. Simmel hingegen mußte sich die Belehrung gefallen lassen: »Wenn
Sie Ihr Leben lang an der Kette gelegen wären, würden
Sie auch bösartig sein.«[170]

Doch nicht nur Tiere faszinierten den Professor. Am
29. Oktober 1928 bestieg er zum erstenmal in seinem

Leben ein Flugzeug zu einem 20-Minuten-Rundflug über Berlin. Das Gefühl des Fliegens charakterisierte er gegenüber seinem Neffen Sam in Manchester als »startling and rather pleasant«[171]. Diese Erfahrung hat wohl auch sein weiteres Interesse an der Luftfahrt positiv geprägt. Am 22. Juni 1930 schilderte er seiner Frau das folgende Ereignis: »Gestern nach 12^h wurde ich durch ein sich immer verstärkendes Geräusch aus dem Schlaf gerissen, weckte Anna, wir öffneten die Tür auf den Balkon, eilten in den Garten u. sahen grade noch den Zeppelin ganz niedrig über unserem Haus, als ob er uns einen speziellen Besuch abgestattet hätte.«[172] Das Luftschiff »Graf Zeppelin« war an ebendiesem Tag während seiner Deutschlandfahrt auf dem Flugplatz Staaken gelandet, der sich ganz in der Nähe von Schloß Tegel befand. Anlaß war die 2. Weltkraftkonferenz[173] in Berlin, die vom 16. bis 25. Juni 1930 in Berlin stattfand.

Die Begegnung mit einer anderen Errungenschaft der modernen Technik vermied Freud dagegen: Im Oktober 1929 wollte eine Berliner Firma Tonfilmaufnahmen von ihm machen, worauf er »dankend verzichtete«[174].

Im Laufe seines Aufenthalts in Tegel erreichten ihn zuweilen Nachrichten, die in ihm Erinnerungen an andere Aspekte seines Verhältnisses zu Berlin wachriefen. So erfuhr er Mitte September 1928, daß sein früherer Freund Wilhelm Fließ schwer krank sei und nur noch wenige Wochen zu leben habe. Freud notierte in einem Brief nach Wien: »Am 24. Okt. wird er 70 J. alt.«[175] Doch dieses Datum erreichte Fließ nicht mehr, er starb kurz vor Vollendung seines siebten Lebensjahrzehnts.

Zu den angenehmen Überraschungen gehörte sicherlich die Kunde, daß er der Favorit für den Goethe-Preis des Jahres 1930 sei. Die Meldung des »Berliner Tageblatts« vom 9. Juli schnitt er aus und legte sie einem Brief an Martha bei. Sie lautete: »Der Goethe-Preis der Stadt Frankfurt wird in diesen Tagen wieder zur Verteilung kommen. Die letzten Preisträger waren Albert Schweitzer und Stefan George. In diesem Jahre steht unter den aussichtsreichsten Kandidaten für den Preis Sigmund Freud. Das Kuratorium hat sich jedoch noch nicht definitiv entschieden.«[176] Knapp drei Wochen später erhielt Freud durch einen Brief des Frankfurter Bürgermeisters Alfons Paquet die offizielle Mitteilung, daß ihm die Stadt Frankfurt den mit 10000 Reichsmark dotierten Preis verliehen habe.

Begegnungen: Arnold Zweig und Humboldts Enkel

Freud hatte seit jeher großes Interesse an der Literatur. Viele Dramen, Romane und Erzählungen hat er mehr oder weniger ausführlich psychoanalytisch beleuchtet, darunter Werke von Shakespeare, Goethe und Dostojewski. Zu vielen Dichtern hatte er persönliche Beziehungen, zu Thomas Mann, Rainer Maria Rilke und Stefan Zweig, mit dem er lange und relativ intensiv korrespondierte. Doch keiner von ihnen verehrte Freud so sehr wie Arnold Zweig. Dieser hatte sich im März 1927 mit der Bitte an ihn gewandt, ihm sein Buch »Caliban oder Politik und Leidenschaft«[177] widmen zu dürfen: »Dazu bewegt mich vielfältige Dankbarkeit. Erstens wäre ohne Ihr Denken, ohne Ihre prinzipiellen Einsichten und neuen Maximen (Wiedereinsetzung der Seele in die Psychologie), ohne Ihre schöpferische Methode des Philosophierens mein bescheidener Beitrag zur theoretischen Erkenntnis nie möglich gewesen. Zweitens schuldet Ihnen der Antisemitismus, den Sie in allen Spielarten erlebt haben müssen, eine Reverenz. Und drittens verdanke ich Ihrer neuen Seelenheilkunst persönlich die Wiederherstellung meiner gesamten Person, die Entdeckung, daß ich an einer Neurose litt, sowie schließlich die Heilung dieser Neurose durch Ihre Methode und auf Ihren Wegen.«[178]

Freuds Antwort lautete:

Hochgeehrter Herr

Ich nehme das Anerbieten des Dichters der ›Novellen um Claudia‹[179], mir eines seiner neuen Werke zu widmen, mit Dank und voller Schätzung der mir erwiesenen Ehre an.

Ich hätte es auch sonst getan, umsomehr jetzt, da ich aus Ihrem Briefe weiß, daß Sie die Analyse zu schätzen wissen und daß Sie ein persönliches Verhältnis zu ihr gewonnen haben.

Machen Sie das Versprechen wahr, mich eines Tages zu besuchen. (Warten Sie damit nicht zu lange, ich bin bald 71 Jahre.)

Ihr herzlich ergebener   Freud[180]

Arnold Zweigs Hoffnung auf eine persönliche Begegnung erfüllte sich zwei Jahre später, als sich Freud zum zweitenmal in Tegel aufhielt. Zweig wohnte im Eichkamp, der heutigen Eichkampstraße, unweit des Funkturms. Ein befreundeter Architekt holte ihn und seine Frau Beatrice zu Hause ab und brachte sie nach Tegel. Den Eindrücken des dort verbrachten Nachmittags widmete Zweig das 7. Kapitel seines erst 1996 veröffentlichten Buches »Freundschaft mit Freud«. Es gehört zu den schönsten Schilderungen des älteren Freud, die wir haben (siehe Anhang).

Freud selbst hat sich über diesen ersten Besuch nicht geäußert, aber der Kontakt zwischen beiden Männern

Arnold Zweig, 1928

intensivierte sich. Von nun an schickte ihm Zweig alle seine Bücher mit persönlichen Widmungen. Im Februar 1930 besuchte er Freud in Wien, und am 3. Juli 1930 folgte das zweite Tegeler Treffen, das er gegenüber seiner Frau erwähnte: »Donnerstag abds. war Arnold Zweig mit Frau bei uns. Der arme Junge ist halb erblindet, er kann nicht mehr selbst lesen. Im Spiegel solcher Schicksale schweigt man von seinem.«[181]

Im Frühjahr 1933 weilte Zweig längere Zeit in Wien und traf mehrmals mit Freud zusammen. Die Besuche setzten sich 1936/37 fort, und auch nach Freuds Emigration kam es noch zu vier Begegnungen in London, die letzte zwei Monate vor seinem Tod.

Wie sehr Freud und seine Tochter Arnold Zweig schätzten, erhellt aus der Tatsache, daß er neben Prinzessin Marie Bonaparte[182] der einzige war, den sich Anna Freud als künftigen Biographen vorstellen konnte. Fünf Jahre nach dem Tod des Vaters schrieb sie an den Schriftsteller: »Ich werde so oft gefragt wer eine Biographie meines Vaters schreiben soll und ich weiß nur zwei Menschen, von denen ich es möchte: Sie oder Prinzessin Marie [Bonaparte], oder beide, jeder ein anderes Stück. Wie denken Sie darüber? Und haben Sie selbst schon an ein solches Buch gedacht?«[183] Zweig war sofort einverstanden, hatte er sich doch schon über zehn Jahre mit dem Gedanken getragen, eine Freud-Biographie zu schreiben. Fünfzehn Jahre lang arbeitete er mehr oder weniger intensiv an dem Buch, das nicht mehr zu seinen Lebzeiten erschien.

Die Gründe, die das verhinderten, waren im wesentlichen drei: Erstens wußte Zweig wenig über Freuds Leben, bevor er ihn kennengelernt hatte, so daß er viele Informationen sammeln mußte; zweitens war das Klima in der DDR, in der Zweig nach seiner Rückkehr aus

Palästina lebte, einer Freud-Hommage nicht eben förderlich; drittens war Mitte der fünfziger Jahre die dreibändige Biographie von Ernest Jones erschienen, deren immense Materialfülle es bis heute jedem Freud-Biographen schwermacht, etwas vorzulegen, das neben ihr besteht. So fügte es sich, daß Zweigs Manuskript »Freundschaft mit Freud« erst 1996, ein halbes Jahrhundert nach der Niederschrift der ersten Zeilen, veröffentlicht wurde.

Freud selbst war immer Schriftsteller und Forscher. Einerseits wußte er, daß seine Krankengeschichten »wie Novellen zu lesen sind«[184], und seine Arbeit über Leonardo da Vinci war für ihn »auch halb Romandichtung«[185]. Auf der anderen Seite hielt er es für eine »grobe Ungerechtigkeit [...], daß man die Psychoanalyse nicht behandeln wollte wie jede andere Naturwissenschaft«[186].

Den Wissenschaftler schlechthin verkörperte für ihn Alexander von Humboldt.[187] Er wußte, daß sich das Sanatorium Tegel auf dem Gelände von Humboldts Nachkommen befand, und schon während seines ersten Aufenthalts hatte er die Absicht, den Familiensitz und den Urenkel von Alexander von Humboldts Bruder Wilhelm, Reinhold von Heinz, zu besuchen. Schließlich konnte er das Vorhaben nicht mehr in seinem Zeitplan unterbringen, doch ließ er es sich nicht nehmen, am 29. Oktober 1928 folgendes Schreiben an Herrn von Heinz zu richten:

Verehrter Herr Geheimrat

Ich bedaure sehr, daß ich zwei Monate lang Gast auf Humboldt'schem Boden gewesen bin und doch am Ende die Gelegenheit versäumt habe, die Wohnstätte Ihrer erlauchten Ahnen unter Ihrer Führung zu besuchen. Es scheint meine Schuld zu sein, weil ich das Ansuchen an

Humboldtschloß in Tegel

Sie auf die letzten Tage meines Aufenthalts geschoben habe. Meine Entschuldigung ist aber, daß ich hier in Berlin eine anstrengende Behandlung bei Prof. Schröder durchzumachen hatte, von der ich mir die Herstellung meiner Sprechfähigkeit erwartete und während welcher ich vermied, mit anderen als den mir nächsten Personen zusammenzukommen. Nun da ich am Ende mit dem Erfolg zufrieden sein darf, die Gelegenheit zum Besuch von Schloß Tegel aber versäumt ist, bitte ich Sie, verehrter Herr, dem Patienten nichts übelzunehmen und an den Ernst meiner ehrfürchtigen Gefühle für Ihre Familie zu glauben.

Ihr sehr ergebener   Sigm. Freud[188]

Freud ahnte damals noch nicht, daß er übers Jahr wieder am selben Ort sein würde. Diesmal plante er den Besuch rechtzeitig. Am 3. Oktober 1929 besuchte er gemeinsam mit Anna, Marie Bonaparte und Ernst Simmel das Humboldtschloß.

Die Familie von Humboldt war seit 1766 auf Schloß Tegel ansässig, das so auch zu seinem Namen kam: Humboldtschloß. Es war ursprünglich ein Weingut gewesen, das Ende des 17. Jahrhunderts unter dem Großen Kurfürsten zum Jagdschloß umgebaut wurde. Nach der Hochzeit Alexander Georg von Humboldts mit der Witwe des letzten Gutsbesitzers gingen das Schloß sowie die dazugehörigen Ländereien und Inseln in den Besitz der Familie über. Die beiden berühmten Söhne des Paars, Alexander und Wilhelm, verbrachten ihre Kindheit hier. Wilhelm von Humboldt, der viele antike Kunstwerke gesammelt hatte, beauftragte 1821 Karl Friedrich Schinkel, das Schloß im klassizistischen Sinne umzubauen und zu erweitern.

Für Freud war der Besuch auf dem Humboldtschen Anwesen ein besonderes Erlebnis. Der Urenkel zeigte

Die »Gradiva« im Humboldtschloß

den Gästen das Gebäude samt seinen reichen Schätze »in liebenswürdigster Weise [...]. Es war wirklich ein reizender, eigentlich auch ein erhebender Eindruck.«[189]

In der Eingangshalle des Schlosses wird Freud zuerst eine Kopie der »Gradiva« aus den Vatikanischen Museen aufgefallen sein. 1907 hatte er eine Arbeit über die Novelle »Gradiva« des norddeutschen Dichters Wilhelm Jensen (1837–1911) geschrieben. Im Mittelpunkt dieser Novelle steht ein junger Archäologe, der sich in das Porträt eines Mädchens aus Pompeji verliebt. Nach dem Erscheinen von Freuds Arbeit schenkte ihm

Karl Abraham zu Weihnachten 1908 eine Kopie des pompejanischen Reliefs, das seitdem in seinem Arbeitszimmer hing.

Antiquitäten und ein Totgesagter

Eine der großen Leidenschaften Freuds war das Reisen. Zu seinen bevorzugten Zielen zählten die antiken Stätten in Italien und Griechenland, von denen er eine Vielzahl von Antiquitäten mitbrachte. Als er nach Ausbruch seiner Krebserkrankung nicht mehr reisen und die Ausgrabungsorte besichtigen konnte, konzentrierte er sich mehr und mehr auf das Sammeln.

Was faszinierte ihn so an den archäologischen Objekten? Es war die Parallele zwischen der Arbeit des Archäologen und der des Psychoanalytikers: »Aber wie der Archäologe aus stehengebliebenen Mauerresten die Wandungen des Gebäudes aufbaut, aus Vertiefungen im Boden die Anzahl und Stellung von Säulen bestimmt, aus den im Schutt gefundenen Resten die einstigen Wandverzierungen und Wandgemälde wiederherstellt, genauso geht der Analytiker vor, wenn er seine Schlüsse aus Erinnerungsbrocken, Assoziationen und aktiven Äußerungen des Analysierten zieht.«[190]

Die wichtigste Quelle für die Erweiterung seiner Sammlung waren drei Wiener Antiquitätenhändler mit Namen Fröhlich, Lustig und Glückselig – ein Zufall, der zudem Assoziationen zu Freuds eigenem Namen weckte.[191] Darüber hinaus hatte er weitere Kontakte zu Händlern in anderen Städten. Einer davon war Philipp Lederer in Berlin. Er hatte ein Geschäft für »alte Münzen und archäologische Objekte« im zweiten Stock des ehemaligen Wohnhauses von Georg Wilhelm Friedrich Hegel, Am Kupfergraben 4, gegenüber dem Pergamonmuseum. Das Gebäude fiel 1943 einem Bombenangriff zum Opfer.

Eintrag des Antiquitätenhändlers
Philipp Lederer im Berliner Adreßbuch

Seit wann Freud mit Lederer in Kontakt stand, ist nicht ganz klar, spätestens jedoch seit seinem Berlin-Aufenthalt von 1928. Im Herbst des folgenden Jahres erhielt er die Nachricht, Lederer sei gestorben. Doch das war eine Falschmeldung, und Freud schrieb nach Wien: »Die Nachricht von Dr. Lederers Tod stellt sich nach Mark Twains Ausdruck als stark übertrieben heraus. Ich bin überzeugt, er wird sich ebenso geldgierig zeigen wie die früheren Male, u. das ist doch ein starkes Lebenszeichen.«[192] Offensichtlich amüsierte Freud die Angelegenheit sehr, kam er doch immer wieder darauf zurück. So schrieb er am 20. September 1929: »Dr. Lederer [hat] sein Fortleben durch einen zum Besuch einladenden Brief über jeden Zweifel sichergestellt«[193], und am 23. September: »Vormittags hatten wir bei dem springlebendigen Dr. Lederer die ersten, bescheidenen Einkäufe gemacht.«[194]

Freud war während seiner Tegel-Aufenthalte 1929 und 1930 insgesamt neunmal bei Philipp Lederer. Über die Antiquitäten, die er dort erstand, wissen wir so gut wie nichts. Nur einmal erwähnte er, daß er »ein besonders heikles Glas abholen«[195] wolle. Mit den Einkäufen war Freud in der Regel sehr zufrieden, aber er ließ sie sich auch etwas kosten: »Schön wäre es, wenn alles heuer so gut ausginge wie meine Einkäufe bei Lederer. Schade, daß dann die langen Ferien kommen, in denen man sich von ihnen trennen muß. Hier in Tegel stehen sie alle auf dem Tisch versammelt. Es ist dann freilich so, als hätte der Verlag mir nichts bezahlt.«[196] Auch den größten Teil der Summe für den Goethe-Preis setzte er bei Lederer um.

Die Besuche und Einkäufe am Kupfergraben gehörten neben den Kontakten zu seinen Enkeln zu den Abwechslungen, die ihn die Enttäuschungen über den mangelnden Fortschritt bei der Prothesenanpassung von Zeit zu Zeit vergessen ließen. Einmal schrieb Freud an Martha: »[...] wenn man sich zur Abwechslung einmal wohl befindet, trägt man auch solche Enttäuschungen leicht. Nur die Zigarre fehlt; was man dagegen versucht, Weintrinken, Briefschreiben, Dattelnessen, ist kein Ersatz. Antiquitäten wären es vielleicht, aber so viel kann man nicht kaufen.«[197]

Der letzte Besuch bei Lederer fand am 1. Juli 1930 statt. Doch als Kunde blieb Freud dem Berliner Händler erhalten. So beauftragte er im September 1931 seinen Sohn Ernst, eine Rechnung über 300 Mark bei Lederer zu begleichen.[198]

Am Ende seines Lebens besaß Freud mehr als 2 000 antike Stücke, von denen sich heute die meisten im Freud Museum in London befinden.

Freud an seinem Schreibtisch mit Antiquitäten, 1938

Epilog

Sechs Jahre nach seinem letzten Besuch in Berlin schrieb Freud an den Berliner Schriftsteller Georg Hermann (1871–1943):

»Für mich wie für Sie [...] wohnt die Schönheit in Italien und am Mittelmeer, und doch wäre ich vor Jahren beinahe Berliner geworden. Ich war zwischen 1928 und 30 mehrmals wochenlange in Berlin bei Prof. Schröder, wohnte im Sanatorium Tegel auf Humboldtschem Besitz; meine Tochter schwamm im Tegelsee, begleitete mich täglich auf die Automobilfahrt durch die Jungfernheide nach Westend. Es war eigentlich ein exquisites Idyll. Ein Sohn saß mit drei Enkeln in der Regentenstraße, ein anderer mit einem Töchterchen bescheidener in Tempelhof. Auf dem Kupfermarkt hauste ein Dr. Lederer, bei dem ich den größeren Teil des Goethepreises der Stadt Frankfurt in Antiquitäten umsetzen konnte. Auf dem Rückweg von Schröder konnte man in einer Filiale von Rollenhagen die erlesensten Leckerbissen einkaufen wie Oliven, Käse u. dgl.

Schröder hatte mir angetragen, eine schöne Villa in Westend für mich zu suchen, seit meiner Kieferoperation im Jahre 1923 war ich ein schwieriger Fall für seine Kunst, und er versprach, mir ordentlich zu helfen, wenn ich dauernd in Berlin bliebe. Es war alles so verführerisch, ich war in der Stadt gewiß gern gesehen, der sozialdemokratische Minister Dr. Becker[199] hatte mir einen freundlichen Besuch in Tegel gemacht, von zwei seiner Räte begleitet, meine Frau war ja selbst eine Norddeutsche, Hamburgerin. Alles schien zu locken, Wien hatte sich wirklich nicht um mich verdient gemacht. Und doch, wie gut war es, daß ich das eine Argument überwiegen ließ, man solle nichts ändern nach siebzig, das Lebensende ruhig abwarten an seiner Stelle. Denn kaum eingelebt, hätte ich 1933 das neue Haus abbrechen müssen und das gleiche erlebt wie Sie und andere.«[200]

Freud ist nie Berliner geworden, aber in keiner Stadt außer Wien hat er so viele Menschen kennengelernt und so viele Höhen und Tiefen durchlebt wie in der Hauptstadt des Deutschen Reiches.

ANHANG

1856   *6. Mai:* Freud wird in dem mährischen Städtchen Freiberg (heute Příbor) als Sohn von Amalia (1835–1930) und Jakob Freud (1815–1896) geboren.

1857   *Oktober:* Geburt des Bruders Julius, der nach wenigen Monaten stirbt. Freud führt seine späteren Ohnmachtsanfälle auf diesen frühzeitig erlebten Tod zurück.

1858   *31. Dezember:* Geburt der Schwester Anna (gest. 1955 in New York).

1859   *August–16. Oktober:* Die Familie verläßt Freiberg und zieht nach einem Aufenthalt in Leipzig nach Wien in die Weißgärberstraße 3, wo sie bis zum Frühjahr 1861 wohnt.

1861   *22. März:* Geburt der Schwester Maria, genannt Mitzi (ermordet 1942 in Treblinka).

1862   *23. Juli:* Geburt der Schwester Adolfine, genannt Dolfi (1942 in Theresienstadt umgekommen).

1864   *3. Mai:* Geburt der Schwester Pauline Regine, genannt Paula (ermordet 1942 in Treblinka).

1865   *September:* Eintritt in das Leopoldstädter Realgymnasium, bis dahin Unterricht bei der Mutter.

1866   *22. Februar:* Freuds Onkel Josef wird wegen Verwicklung in eine Falschgeldaffäre zu zehn Jahren Haft verurteilt, nach vier Jahren jedoch begnadigt.

1866	*19. April:* Geburt des Bruders Alexander (gest. 1943 in Toronto).
1869	*6. Mai:* Freud bekommt Ludwig Börnes »Gesammelte Werke« geschenkt und liest sie mit »großem Eifer«.
1870	*Herbst:* Beginn der Freundschaft mit Heinrich Braun, dem späteren Führer der österreichischen Sozialdemokraten.
1873	*April:* Freud beschließt, »Naturforscher« zu werden und nicht Jurist. An seinen Freund Emil Fluß schreibt er: »Ich werde Einsicht nehmen in die jahrtausendealten Akten der Natur, vielleicht selbst ihren ewigen Prozeß belauschen und meinen Gewinn mit jedermann teilen, der lernen will.«

9. Juni: Schriftliche Matura: Deutsch, Latein, Griechisch und Mathematik. Freuds Aufsatz zum Thema »Welche Rücksichten sollen uns bei der Wahl des Berufes leiten« wurde siebzig Jahre später von den Nazis entdeckt und vernichtet.

Juli: Carl Brühls Vorlesung über das Goethe zugeschriebene Fragment »Die Natur« gibt den entscheidenden Anstoß zu Freuds Entscheidung, Medizin zu studieren.

9. Juli: Mündliche Matura, erhält in Geschichte »durch einen kühnen Streich« die Note »vorzüglich«.

Oktober: Immatrikulation an der Medizinischen Fakultät der Universität Wien.

1874	*Anfang Dezember:* Liest Georg Christoph Lichtenbergs Werke »mit großem Vergnügen«.
1875	*Januar:* Lektüre von Werken Goethes und Lessings sowie eines Kapitels aus Cervantes' »Don Quijote«.

1875   *Mitte Januar:* Freud beabsichtigt, das Wintersemester 1875/76 in Berlin zu verbringen, um
Hermann von Helmholtz, Emil Du Bois-Reymond und Rudolf Virchow zu hören.

Februar–März: Zusammen mit seinem Freund
Joseph Paneth schreibt Freud an den Wiener
Philosophieprofessor Franz Brentano, der sie
daraufhin zu sich nach Hause einlädt. Unter seinem Einfluß reift in Freud der Entschluß, »das
Doktorat der Philosophie auf Grund von Philosophie und Zoologie zu erwerben«.

März: Beginnendes Interesse für den englischen
Philosophen John Stuart Mill.

Juli–August: Besuch bei den Halbbrüdern Emanuel und Philipp in Manchester.

1876   *Frühjahr:* Arbeit bei dem Zoologen Carl Claus
im Institut für vergleichende Anatomie; erhält
ein Stipendium von 180 Gulden für zwei For-
schungsaufenthalte in Triest.

27. März–Ende April: Forscht in der zoologischen
Meeresstation in Triest über die Geschlechts-
organe des Aals. Ergebnis dieses und des nächsten
Aufenthalts im September ist Freuds erste Publikation: »Beobachtungen über Gestaltung und fei-
neren Bau der als Hoden beschriebenen Lappen-
organe des Aals«.

2. September–1. Oktober: Zweiter Aufenthalt in
Triest.

Oktober: Famulus (Assistent) im Physiologischen Institut bei Ernst von Brücke; möglicherweise begegnet Freud hier zum erstenmal Josef
Breuer, seinem späteren väterlichen Freund und
Mentor.

1877   *April:* Veröffentlichung der Aalstudien.

1878	*August–September:* Gemeinsam mit Gustav Gärtner Arbeit in Salomon Strickers Laboratorium über die Nerven der Speicheldrüse und die Speichelsekretion bei Hunden.
1879	Übersetzt den letzten Band der von Theodor Gomperz herausgegebenen Gesamtausgabe der Werke John Stuart Mills.
1880	*November:* Der bekannte Wiener Arzt und Physiologe Josef Breuer beginnt mit der Behandlung der Anna O. (Bertha Pappenheim).
1881	*30. März:* In der Aula der alten Universität Promotion zum Doktor der gesamten Heilkunde. *Sommer:* Veröffentlichung der »Beobachtungen über den Bau der Nervenfasern und Nervenzellen von Flußkrebsen«.
1882	*24. Februar:* Erwirbt Immanuel Kants »Kleinere Schriften zur Naturphilosophie«. *April:* Erste Begegnung mit seiner späteren Frau Martha Bernays (1861–1951), als diese zusammen mit ihrer Schwester Minna die Familie Freud besuchte, mit deren Töchtern sie befreundet war. *17. Juni:* Verlobung mit Martha Bernays. *31. Juli:* Secundarius aspirans (Aspirant) am Wiener Allgemeinen Krankenhaus, vermutlich an der III. Chirurgischen Abteilung von Leopold Dittel. *Herbst:* Arbeit in Theodor Meynerts hirnanatomischem Laboratorium (bis Herbst 1885). *12. Oktober:* Aspirant an der I. Medizinischen Klinik von Hermann Nothnagel (bis 30. April 1883). *18. November:* Hört von Josef Breuer zum erstenmal von dem Fall der Anna O. (Bertha

Pappenheim): »Gestern abends war ich bis 12 Uhr bei Breuer, der mir unter anderem die hochinteressante Geschichte von Fräulein Pappenheims Krankheit erzählte.«

1883   *1. Mai–30. September:* Sekundararzt an der Psychiatrischen Klinik Theodor Meynerts.

1. Oktober: Zweiter Sekundararzt an der II. Abteilung für Syphilis des Allgemeinen Krankenhauses.

1884   *1. Januar:* Versetzung an die IV. Medizinische Abteilung von Franz Scholz (bis Ende Februar 1885).

9./10. November: Selbstversuche mit Kokain. Freud dokumentiert den Einfluß der Droge u. a. auf Ermüdung und Reaktionszeit in seiner Schrift »Beitrag zur Kenntnis der Cocawirkung«.

1885   *5. Juli:* Die medizinische Fakultät beschließt die Verleihung des Universitäts-Jubiläums-Reisestipendiums an Freud.

5. September: Der Minister für Kultus und Unterricht bestätigt Freuds Ernennung zum Privatdozenten.

13. Oktober: Ankunft in Paris zu einem knapp fünfmonatigen Studienaufenthalt bei Jean-Martin Charcot, dem berühmten Direktor der Nervenklinik der Salpêtrière.

1886   *3. März–3. April:* Aufenthalt in Berlin bei Albert Eulenburg (Private Poliklinik für Nervenkranke), Emanuel Mendel (»Privatirrenanstalt«) und Adolf Baginsky (Poliklinik für Kinderkrankheiten). In dieser Zeit Arbeit an der Übersetzung von Charcots »Neuen Vorlesungen über die Krankheiten des Nervensystems, insbesondere über Hysterie«.

1886   *Mitte April:* Freud wird Leiter der neurologischen Abteilung am I. Öffentlichen Kinderkran-
keninstitut in Wien.

25. April: Eröffnung einer nervenärztlichen
Praxis in der Rathausstraße 7, wo Freud auch
wohnt.

13. September: Eheschließung mit Martha Bernays im Rathaus von Wandsbek (Ziviltrauung),
der tags darauf die jüdische Trauung folgt.

Anfang Oktober: Umzug in das Kaiserliche Stif-
tungshaus (»Sühnhaus«) in der Maria-Theresien-
Straße 8.

1887   *16. Oktober:* Geburt der Tochter Mathilde (gest.
1978 in London). Aus diesem Anlaß schickt der
Kaiser eine Vase aus der Porzellanmanufaktur;
Mathilde war das erste Kind, das im »Sühnhaus«
geboren wurde, dem Haus, das an der Stelle des
abgebrannten Ringtheaters errichtet worden war.

24. November: Beginn eines intensiven Brief-
wechsels mit dem Berliner HNO-Arzt Wilhelm
Fließ.

1888   *1. Mai:* Beginn der Behandlung von Emmy von
N. (Fanny Moser).

Sommer: Beginn der Behandlung von Cäcilie M.
(Anna von Lieben).

1889   *7. Dezember:* Geburt des Sohns Jean Martin
(gest. 1967 in London).

1890   Madame Benvenisti, eine dankbare Patientin,
schenkt Freud eine analytische Couch, die er bis
an sein Lebensende benutzt.

1891   *19. Februar:* Geburt des Sohns Oliver (gest. 1969
in North Adams, Mass.).

September: Freud wird von einem Kollegen ge-
beten, Elisabeth von R. (Ilona Weiß) zu unter-

suchen. Ihre Weigerung, sich hypnotisieren zu lassen, führt zur Entdeckung der Psychoanalyse.

1891 *12. September:* Umzug in die Berggasse 19, wo die Familie bis zum 4. Juni 1938 wohnt.

Ende November: Lucy R. wird von einem »befreundeten Kollegen« an Freud überwiesen und neun Wochen lang von ihm behandelt. Ihre Krankengeschichte geht in die »Studien über Hysterie« ein.

1892 *6. April:* Geburt des Sohns Ernst (gest. 1970 in London).

2. November: Freuds Schwester Anna und ihr Mann Eli Bernays wandern nach Amerika aus.

1893 *12. April:* Geburt der Tochter Sophie (gest. 1920 in Hamburg).

1894 *Ende Mai:* Niederschrift der letzten Krankengeschichte für die »Studien über Hysterie«.

1895 *24. Juli:* Freud analysiert zum erstenmal einen eigenen Traum: »Irmas Injektion«. Fünf Jahre später schreibt er an seinen Freund Wilhelm Fließ: »Glaubst Du eigentlich, daß an dem Haus dereinst auf einer Marmortafel zu lesen sein wird: ›Hier enthüllte sich am 24. Juli 1895 dem Dr. Sigm. Freud das Geheimnis des Traumes‹? Die Aussichten sind bis jetzt hiefür gering.«

22. September–1. August: Reise nach Venedig mit Bruder Alexander.

3. Dezember: Geburt der Tochter Anna (gest. 1982 in London).

Ende Dezember: Arbeit an einem Manuskript mit den Abschnitten: »Die Abwehrneurosen«, »Die Zwangsneurose«, »Paranoia«, »Hysterie«.

1896 *15. Mai:* Zum erstenmal Verwendung des Begriffs »Psychoanalyse« in dem Aufsatz »Weitere

Bemerkungen über die Abwehr-Neuropsychosen«.

1896   23. Oktober: Tod des Vaters. Freud schreibt an Wilhelm Fließ: »Auf irgendeinem der dunkeln Wege hinter dem offiziellen Bewußtsein hat mich der Tod des Alten sehr ergriffen. Ich hatte ihn sehr geschätzt, sehr genau verstanden, und er hatte viel in meinem Leben gemacht, mit der ihm eigenen Mischung von tiefer Weisheit und phantastisch leichtem Sinn. [...] Ich habe nun ein recht entwurzeltes Gefühl.«
Anfang Dezember: Ankauf einiger Kopien von Florentiner Statuen, u. a. Michelangelos »Sterbenden Sklaven«.

1897   10. Mai: Das Komitee für den »Beförderungsantrag bezüglich des Dozenten Dr. Freud« beantragt seine Beförderung zum a. o. Professor für Neuropathologie.
Mitte Juni: Freud legt eine Sammlung jüdischer Geschichten an, wohl als Vorarbeit zu seiner Monographie »Der Witz und seine Beziehung zum Unbewußten«.
19. August–18. September: Reise durch Südtirol und Oberitalien zunächst mit seiner Frau, dann mit Bruder Alexander und dem Berliner Arzt Felix Gattel.
Mitte Oktober: Entdeckung des Ödipuskomplexes.
22. Dezember: Zum erstenmal Verwendung des Begriffs »Zensur«. Freud schreibt an Wilhelm Fließ: »Hast Du einmal eine ausländische Zeitung gesehen, welche die russische Zensur an der Grenze passiert hat? Worte, ganze Satzstücke und Sätze schwarz überstrichen, so daß der Rest

unverständlich wird. Solche *russische Zensur* kommt zustande bei Psychosen und ergibt die scheinbar sinnlosen *Delirien*.«

1898   *Mitte Februar:* Freud verfolgt mit großem Interesse den Prozeß gegen Emile Zola, der wegen seiner Verteidigung von Alfred Dreyfus in Paris angeklagt ist. Über Zola schreibt er: »Der brave Kerl, das wär' einer, mit dem man sich verständigen könnte.«

10. Mai: Das Unterrichtsministerium schlägt Kaiser Franz Joseph eine Reihe von Privatdozenten zur Ernennung zum außerordentlichen Professor vor; Freud wird übergangen.

Sommer: Ida Bauer, die spätere Patientin »Dora«, kommt zum erstenmal in Freuds Praxis.

August: Reise durch Bayern, Tirol und die Schweiz mit Schwägerin Minna Bernays.

20. August: Freud liest Fritjof Nansens »In Nacht und Eis« und hofft, Nansens »geradezu durchsichtige« Träume gut verwenden zu können.

31. August–18. September: Reise nach Dalmatien mit seiner Frau; anschließend reist Freud allein durch Oberitalien.

1899   *Mitte Mai:* Verfaßt den Aufsatz »Über Deckerinnerungen«.

Ende Mai: Liest Heinrich Schliemanns »Kindheitsgeschichte« und schreibt: »Der Mann war glücklich, als er den Schatz des Priamos fand, denn Glück gibt es nur als Erfüllung eines Kinderwunsches.«

4. November: Die »Traumdeutung« erscheint (mit der Jahreszahl 1900) in einer Auflage von 600 Exemplaren bei Franz Deuticke, Leipzig und Wien.

1900   *6. Januar:* Der erste Teil von Max Burckhardts Rezension der »Traumdeutung« erscheint in der »Zeit«; Freud nennt sie »ungemein verständnislos« und »blöd«.

August: Freud ist bei der Beförderung zum Professor wieder übergangen worden.

26. August–10. September: Reise durch Südtirol mit Schwägerin Minna.

Mitte Oktober: Beginn der Behandlung von »Dora« (Ida Bauer).

1901   *4. Juli:* Freud liest einen Bericht über die Ausgrabung von Knossos durch Arthur Evans.

Juli/August: Veröffentlichung der »Psychopathologie des Alltagslebens«.

1.–14. September: Reise nach Rom mit Bruder Alexander.

5. September: Besuch der Kirche S. Pietro in Vincoli mit der Moses-Statue des Michelangelo.

1902   *5. März:* Ernennung zum außerordentlichen Professor durch Kaiser Franz Joseph. Freud schreibt an Wilhelm Fließ: »Die Teilnahme der Bevölkerung ist groß. Es regnet [...] Glückwünsche und Blumenspenden, als sei die Rolle der Sexualität plötzlich von Sr. Majestät amtlich anerkannt, die Bedeutung des Traums vom Ministerrat bestätigt und die Notwendigkeit einer psychoanalytischen Therapie der Hysterie mit 2/3 Majorität im Parlament durchgedrungen.«

26. August–15. September: Reise nach Rom und Neapel mit Bruder Alexander.

Oktober: Gründung der »Psychologischen Mittwoch-Gesellschaft« (ab 8. April 1908 »Wiener Psychoanalytische Vereinigung«) mit den Mitgliedern Alfred Adler, Wilhelm Stekel, Max

Kahane und Rudolf Reitler. Die Sitzungen finden jeden Mittwoch um 20.30 Uhr in Freuds Wohnung statt.

1903   *6.–20. September:* Reise durch Bayern und Südtirol mit Schwägerin Minna.

1904   *28. August–10. September:* Reise durch Griechenland mit Bruder Alexander.

1905   Veröffentlichung der »Drei Abhandlungen zur Sexualtheorie« und des Buches »Der Witz und seine Beziehung zum Unbewußten«.

3.–23. September: Reise durch Oberitalien und die Schweiz mit Schwägerin Minna.

1906   Beginn der Behandlung des »Kleinen Hans« (Herbert Graf war später Direktor der Metropolitan Opera in New York und starb am 6. April 1973).

6. Mai: Zu seinem 50. Geburtstag erhält Freud von seinen Schülern eine von Karl Maria Schwerdtner angefertigte Medaille mit seinem Bildnis; auf der Rückseite steht der griechische Vers aus dem Schlußchor des »König Ödipus« von Sophokles: »Der das berühmte Rätsel löste und ein gar mächtiger Mann war.«

15. Juli – Mitte September: Urlaub in Lavarone und Riva, für Freud »eine Art Paradies«.

1. November: Auf eine Umfrage des Wiener Verlegers und Buchhändlers Hugo Heller nach zehn »guten Büchern« nennt Freud folgende Titel: Multatuli (eigentlich Eduard Douwes Dekker): Briefe und Werke; Rudyard Kipling: Jungle Book; Anatole France: Sur la pierre blanche; Emile Zola: Fécondité; Dmitri Mereschkowsky: Leonardo da Vinci; Gottfried Keller: Die Leute von Seldwyla; Conrad Ferdinand Meyer: Hut-

135

tens letzte Tage; Thomas Macaulay: Essays; Theodor Gomperz: Griechische Denker; Mark Twain: Sketches.

1907 *3. März:* Beginn der engen Beziehung zu dem Schweizer Psychiater Carl Gustav Jung.

14. Juli–Mitte August: Urlaub in Lavarone.

12.–29. September: Reise durch die Toskana und nach Rom, zum Teil mit Schwägerin Minna.

2. Oktober: Beginn der Behandlung des »Rattenmanns« (Ernst Lanzer).

1908 *4. März:* Verleihung des Heimat- und Bürgerrechts durch das Magistratische Bezirksamt für den IX. Bezirk der Stadt Wien.

26.–28. April: Auf dem 1. Internationalen Psychoanalytischen Kongreß in Salzburg Vortrag über den »Rattenmann«.

Ende April: Erster Besuch von Ernest Jones, Freuds späterem »offiziellem« Biographen.

15. Juli–30. August: Urlaub in Berchtesgaden. Freud schreibt hier an der Krankengeschichte des »Kleinen Hans« und korrigiert die zweite Auflage der »Traumdeutung«.

30. August–15. September: Zu Besuch bei den Halbbrüdern Emanuel und Philipp in Manchester.

1909 *7. Februar:* Heirat von Freuds ältester Tochter Mathilde mit Robert Hollitscher.

14. Juli–19. August: Urlaub bei Reutte in Tirol.

19. August–30. September: Vortragsreise nach Amerika auf Einladung des Präsidenten der Clark University in Worcester, Stanley Hall, anläßlich des Universitätsjubiläums.

10. September: Verleihung des Ehrendoktorats der Rechte.

1910   *Februar:* Beginn der Behandlung des Wolfs-
mannes (Sergej Pankejeff).

30.–31. März: Auf dem 2. Internationalen Psychoanalytischen Kongreß in Nürnberg Vortrag
über »Die zukünftigen Chancen der Psycho-
therapie«. Gründung der Internationalen Psychoanalytischen Vereinigung.

16.–31. Juli: Reise durch Holland mit den Söhnen Oliver und Ernst.

31. Juli–30. August: Urlaub in Noordwijk und
Leiden.

23. August: Analyse der »Liebesbedingungen«
(»Marienkomplex«, »Mutterbindung«) des Kom-
ponisten Gustav Mahler.

31. August–27. September: Reise nach Sizilien mit
Sándor Ferenczi.

27. Oktober: Tod von Freuds Schwiegermutter
Emmeline Bernays (geb. 1830 in Hamburg).

1911   *Mitte Juni:* Alfred Adler tritt aus der Wiener
Psychoanalytischen Vereinigung aus.

31. Juli–16. September: Urlaub und Silberhoch-
zeit in Klobenstein (Collalbo) in Südtirol.

29. August: Tod des Halbbruders Philipp in Manchester (geb. 1834 in Tysmenitz).

September: Unterzeichnung eines Aufrufs zur
Gründung einer »Internationalen Vereinigung
für Mutterschutz und Sexualreform«.

21./22. September: Auf dem 3. Internationalen
Psychoanalytischen Kongreß in Weimar Vortrag
über die »Analyse Schrebers«.

1912   *Sommer:* Ernest Jones gründet das »Geheime
Komitee«, das inoffizielle Führungsgremium der
Internationalen Psychoanalytischen Vereinigung,
mit den Mitgliedern Freud, Sándor Ferenczi,

Otto Rank, Karl Abraham, Hanns Sachs, Ernest Jones und ab 1919 Max Eitingon.

1912 *Anfang Juli–12. August:* Kur in Karlsbad. Max Halberstadt, der Verlobte von Freuds Tochter Sophie, besucht die Familie in Karlsbad.

12.–30. August: Urlaub in Karersee.

8.–14. September: Urlaub in San Cristoforo.

15.–28. September: Reise nach Rom, täglicher Besuch der Moses-Statue des Michelangelo in San Pietro in Vincoli.

1913 *26. Januar:* Heirat Sophie Freuds mit dem Fotografen Max Halberstadt.

Juni: Veröffentlichung von »Totem und Tabu«.

13. Juli–11. August: Kur in Marienbad.

13. August–5. September: Urlaub in San Martino di Castrozza.

7.–8. September: Auf dem 4. Internationalen Psychoanalytischen Kongreß in München Vortrag über »Die Disposition zur Zwangsneurose«; endgültiger Bruch mit C. G. Jung.

8. September: Rainer Maria Rilke besucht den Kongreß und sitzt »fast neben Freud«. Lou Andreas-Salomé macht beide miteinander bekannt.

9.–29. September: Reise nach Bologna und Rom mit Minna Bernays; täglicher Besuch der Moses-Statue des Michelangelo in San Pietro in Vincoli.

1914 *11. März:* Geburt des Enkels Ernst Halberstadt, Sohn von Tochter Sophie; er nennt sich später W. Ernest Freud.

Juni: Veröffentlichung der Schrift »Zur Geschichte der psychoanalytischen Bewegung«, der ersten historiographischen Arbeit zur Psychoanalyse.

28. Juni: Ermordung des österreichisch-ungarischen Thronfolgers Franz Ferdinand in Sarajevo.

1914   *29. Juni:* Sergej Pankejeff, der »Wolfsmann«, verabschiedet sich von Freud nach Beendigung seiner Analyse.

13. Juli–25. August: Kur in Karlsbad.

1. August: Beginn des Ersten Weltkriegs.

1915   *17. Juli–12. August:* Kur in Karlsbad.

13. August–13. September: Urlaub in Schönau bei Königssee

20. Dezember: Besuch von Rainer Maria Rilke: Er war »eine reizender Gesellschafter«.

1916   Veröffentlichung der »Vorlesungen zur Einführung in die Psychoanalyse«.

16. Juli–20. August: Urlaub in Badgastein und Salzburg.

1917   *25. April:* Freud vermerkt in seinem Kalender: »Kein Nobelpreis 1917.«

Ende Juni: Hermann Graf, der Sohn von Freuds Schwester Rosa, fällt an der Front.

1. Juli–30. August: Urlaub in Csorbató in der Hohen Tatra.

1918   Freud verliert sein ganzes in österreichischen Staatspapieren angelegtes Vermögen (150 000 Kronen) und 100 000 Kronen der Lebensversicherung seiner Frau.

28.–29. September: Auf dem 5. Internationalen Psychoanalytischen Kongreß in Budapest Vortrag über »Wege der psychoanalytischen Therapie«.

30. Oktober: Eintrag in seinem Kalender: »Revolution Wien & Budapest«.

1919   *Mitte Januar:* Gründung des Internationalen Psychoanalytischen Verlags.

16. Juli: Julius von Wagner-Jauregg schlägt Freud zur Ernennung zum ordentlichen Professor vor. Sein Gutachten vom 6. Juli enthält folgende Fehlleistung: Statt Ordinarius schreibt er Extra-Ordinarius, einen Titel, über den Freud schon lange verfügt. Die »Ständige Kommission für Habilitierungen« des Professoren-Kollegiums schlägt Freud mit 18 gegen 7 Stimmen zum ordentlichen Professor vor. Der Vorschlag wird am 24. Juli an das Unterrichtsministerium weitergeleitet.

1919 *Oktober:* Freud wird »Titular-Ordinarius«.

23. Dezember: Verleihung des Titels eines ordentlichen Professors durch den Präsidenten der österreichischen Nationalversammlung.

1920 *25. Januar:* Tod von Freuds Tochter Sophie.

Mitte Juli: Max Eitingon läßt durch Paul Königsberger eine Büste von Freud anfertigen, »die sehr gut zu werden verspricht«.

30. Juli–26. August: Kur in Badgastein mit Schwägerin Minna; hier schreibt er an dem Buch »Massenpsychologie und Ich-Analyse«.

8.–11. September: Auf dem 6. Internationalen Psychoanalytischen Kongreß in Den Haag Vortrag über »Ergänzungen zur Traumlehre«.

13.–28. September: Reise durch Holland mit Tochter Anna.

Anfang Oktober: Freud erhält von Stefan Zweig dessen Buch »Drei Meister« mit der Widmung: »Herrn Professor Siegmund Freud / Dem großen Wegweiser ins Unbewußte / In immer wieder neuer Verehrung / Stefan Zweig / Salzburg 1920«.

Herbst: Veröffentlichung von »Jenseits des Lustprinzips«.

1921 Veröffentlichung von »Massenpsychologie und Ich-Analyse«.

1921	*3. April:* Geburt des Enkels Anton Walter, Sohn von Martin Freud.

1921   *3. April:* Geburt des Enkels Anton Walter, Sohn von Martin Freud.

15. Juli–13. August: Kur in Badgastein mit Schwägerin Minna.

31. Juli: Geburt des Enkels Stephan Gabriel, Sohn von Ernst Freud.

14. August–14. September: Urlaub in Seefeld in Tirol.

1922   *22. Mai:* Eröffnung des psychoanalytischen Ambulatoriums in Wien.

1. Juli–1. August: Kur in Badgastein mit Schwägerin Minna; Arbeit an der Schrift »Das Ich und das Es« und Niederschrift der »Bemerkungen zur Theorie und Praxis der Traumdeutung«.

1. August–13. September: Urlaub auf dem Obersalzberg bei Berchtesgaden.

18. August: Cäcilie (»Mausi«) Graf, die Tochter von Freuds Schwester Rosa, begeht Selbstmord mit Veronal.

25.–27. September: Auf dem 7. Internationalen Psychoanalytischen Kongreß in Berlin Vortrag zum Thema »Etwas zum Unbewußten«.

8. Dezember: Geburt des Enkels Lucian Michael, Sohn von Ernst Freud.

1923   Veröffentlichung von »Das Ich und das Es«.

28. April: Freud konsultiert den Rhinologen Markus Hajek und den Dermatologen Maximilian Steiner wegen einer Geschwulst am Gaumen; er wird von Hajek in dessen Klinik operiert.

19. Juni: Tod des Lieblingsenkels Heinz Rudolf (»Heinele«) Halberstadt, Sohn von Freuds Tochter Sophie.

30. Juni–Ende Juli: Kur in Badgastein mit Schwägerin Minna.

1923   *Anfang August – 31. August:* Urlaub in Lavarone.

1. September – Mitte September: Reise nach Verona und Rom mit Tochter Anna; im Zug bekommt Freud im Mund eine starke Blutung.

11. Oktober: Hans Pichler führt im Sanatorium Auersperg eine radikale Operation an Oberkiefer und Gaumen aus. Seitdem ist Freud gezwungen, eine Prothese zu tragen, die ihn beim Sprechen und Essen schwer behindert. In den nächsten 15 Jahren folgen weitere dreißig Operationen.

1924   *21.–23. April:* 8. Internationaler Psychoanalytischer Kongreß in Salzburg; Freud fehlt wegen Grippe.

24. April: Geburt des Enkels Clemens Raphael, Sohn von Ernst Freud.

25. April: Verleihung des Ehrentitels »Bürger der Stadt Wien«.

14. Mai: Besuch von Stefan Zweig und Romain Rolland.

1925   Veröffentlichung der »Selbstdarstellung«.

2.–5. September: 9. Internationaler Psychoanalytischer Kongreß in Bad Homburg; Freud nimmt nicht teil.

30. September: Erster Besuch von Marie Bonaparte, einer Urgroßnichte Napoleons I. (Ururenkelin von Lucien Bonaparte) und Schwiegertochter König Georgs I. von Griechenland.

1926   *6. Mai:* 70. Geburtstag. Sándor Ferenczi hält die Festansprache. Der sozialdemokratische Bürgermeister von Wien, Karl Seitz, überbringt Freud das Diplom zu dem ihm vor zwei Jahren verliehenen Ehrentitel »Bürger der Stadt Wien«. Der österreichische Rundfunk strahlt eine Würdigung von Freuds Leben und Werk aus.

1926	*25. Oktober:* Freud besucht Rabindranath Tagore in einem Wiener Hotel.

1926   *25. Oktober:* Freud besucht Rabindranath Tagore in einem Wiener Hotel.

25. Dezember – 2. Januar: Besuch bei den Söhnen Ernst und Oliver in Berlin. Freud wohnt im Hotel »Esplanade« und trifft sich am 29. Dezember mit Albert Einstein und dessen Frau.

1927   Veröffentlichung von »Die Zukunft einer Illusion«.

20. April: Ein von Freud mitunterzeichneter Wahlaufruf für die Sozialdemokraten Wiens erscheint in der »Arbeiter-Zeitung«.

1.–3. September: 10. Internationaler Psychoanalytischer Kongreß in Innsbruck; Freud nimmt nicht teil.

1928   *Ende April:* Freud bekommt als Geschenk von Stefan Zweig dessen Buch »Drei Dichter ihres Lebens. Casanova – Stendhal – Tolstoi« mit der Widmung: »Professor Sigmund Freud / In unveränderlicher Liebe / und Verehrung / Stefan Zweig / 1928«.

1929   *11. März–23. März:* Freud hält sich zu Konsultationen bei dem Berliner Kieferchirurgen Hermann Schröder im Psychoanalytischen Sanatorium Tegel auf; er wird von seiner Tochter Anna begleitet.

Frühjahr: Auf Empfehlung Marie Bonapartes wird der 32jährige Max Schur Freuds »Leibarzt«.

27.–31. Juli: 11. Internationaler Psychoanalytischer Kongreß in Oxford; Freud nimmt nicht teil.

14. September–26. Oktober: Erneuter Aufenthalt in Tegel in Begleitung Anna Freuds.

Mitte September: Freud bekommt als Geschenk von Stefan Zweig dessen Buch »Joseph Fouché.

Bildnis eines politischen Menschen« mit der Widmung: »Dem Meister der Seelenkunde / Unserm Lehrer im Wissen / um den Menschen / Siegmund Freud / Dieses Bildnis eines Politikers / In Verehrung / Stefan Zweig«.

1929 *31. Oktober:* Notiz im Tagebuch: »im Nobelpreis übergangen«.

1930 Veröffentlichung von »Das Unbehagen in der Kultur«.

5. Mai – 24. Juli: Zur Prothesenanpassung bei Hermann Schröder in Tegel.

29. Juli: Erhält die Nachricht von der Verleihung des mit 10000 Reichsmark dotierten Goethe-Preises der Stadt Frankfurt.

12. September: Tod der Mutter Amalia Freud.

6. November: Eintrag im Tagebuch: »Im Nobelpreis endgiltig übergangen.«

1932 Briefwechsel mit Einstein zur Frage »Warum Krieg?«. Einsetzende Massenemigration von Psychoanalytikern aus dem faschistischen Deutschland. Freud beginnt mit der Arbeit an dem Buch »Der Mann Moses und die monotheistische Religion«.

10. April: Eintrag im Tagebuch: »Hindenburg gewählt.«

Mitte August: Freud gewährt der »Neuen Freien Presse« ein Interview zum Thema »Neurosen als Zeitkrankheit. Welche Heilerfolge hat die Psychoanalyse?«.

4. – 7. September: 12. Internationaler Psychoanalytischer Kongreß in Wiesbaden; Freud nimmt nicht teil.

1933 *10. Mai:* Bücherverbrennung in Berlin. Freuds Bücher werden unter folgenden Parolen ins

Feuer geworfen: »Gegen die seelenzerstörende Überschätzung des Sexuallebens – und für den Adel der menschlichen Seele – übergebe ich den Flammen die Schriften eines gewissen Sigmund Freud!« – »Gegen seelenzerfasernde Überschätzung des Trieblebens, für den Adel der menschlichen Seele! Ich übergebe der Flamme die Schriften des Sigmund Freud.«

1934   *30. Juni:* Eintrag im Tagebuch: »S. A. Revolte in Deutschland«.

26.–31. August: 13. Internationaler Psychoanalytischer Kongreß in Luzern; Freud nimmt nicht teil.

9. Oktober: Die Universität Wien teilt dem Dekanat der Medizinischen Fakultät mit, daß Freuds Lehrbefugnis erlischt.

1935   *21. Mai:* Wahl zum Ehrenmitglied der »Royal Society of Medicine«.

1936   *8. Mai:* Anläßlich von Freuds 80. Geburtstag spricht Thomas Mann vor dem Akademischen Verein für medizinische Psychologie in Wien über »Freud und die Zukunft«.

14. Juni: Thomas Mann wiederholt seinen Vortrag für Freud persönlich in dessen Sommerhaus in Grinzing.

30. Juni: Wahl zum auswärtigen Mitglied der »Royal Society of Medicine«.

2.–8. August: 14. Internationaler Psychoanalytischer Kongreß in Marienbad; Freud nimmt nicht teil.

15. November: Freud läßt den Wert seiner Antiquitätensammlung durch den Direktor der ägyptischen Abteilung des Kunsthistorischen Museums Wien, Hans von Demel, schätzen.

1937	*November:* Der französische Analytiker René Laforgue versucht Freud zur Emigration zu bewegen, doch Freud lehnt ab.
1938	*13. März:* Eintrag im Tagebuch: »Anschluß an Deutschland«.

14. März: Eintrag im Tagebuch: »Hitler in Wien«.

22. März: Freuds Tochter Anna wird von der Gestapo verhört und auf Intervention des amerikanischen Generalkonsuls John Wiley nach zwölf Stunden freigelassen.

28. März: Eintrag im Tagebuch: »Aufnahme in England gesichert –«.

Ende April: Marie Bonaparte und Anna Freud verbrennen in der Berggasse 19 Stöße von Briefen und Schriften.

Mai: Der Fotograf Edmund Engelmann macht Fotos von Freud und der Wohnung in der Berggasse 19.

12. Mai: Eintrag im Tagebuch: »Pässe bekommen«.

23. Mai: Die Antiquitätensammlung wird von den Nazis zur Ausfuhr freigegeben.

4. Juni: Freud verläßt Wien in Begleitung seiner Frau Martha, seiner Tochter Anna, der Haushälterin Paula Fichtl und der Ärztin Josefine Stroß und reist mit dem Zug über Paris nach London, wo er am 6. Juni eintrifft.

19. Juli: Besuch von Stefan Zweig und Salvador Dalí.

August: Veröffentlichung von »Der Mann Moses und die monotheistische Religion«.

1.–5. August: 15. Internationaler Psychoanalytischer Kongreß in Paris.

1939	*Februar:* Inoperables Krebsrezidiv.

1939   *23. September:* Tod nach Koma infolge einer
        Morphiuminjektion.
        26. September: Einäscherung im Krematorium
        Golders Green. Ernest Jones hält die Grabrede
        und Stefan Zweig die Trauerrede.

Chronik von Freuds Aufenthalten in Berlin

1884   *29. September:* Auf der Rückreise von einem Besuch bei seiner Verlobten Martha Bernays nach Wandsbek bei Hamburg ist Freud zum erstenmal in Berlin.

1885   *Anfang September:* Fahrt zu Martha Bernays nach Wandsbek über Berlin.

1886   *3. März – 3. April:* Arbeitet vier Wochen an verschiedenen Polikliniken und der Charité und übersetzt Jean-Martin Charcots »Neue Vorlesungen über die Krankheiten des Nervensystems, insbesondere über Hysterie«.
       24. September: Hochzeitsreise von Hamburg über Travemünde, Berlin und Brünn nach Wien.

1893   *1.–4. April:* Besuch bei seinem Freund Wilhelm Fließ, der als »Spezialarzt für Nasen- und Halsleiden« praktiziert. Er wohnt in der Von-der-Heydt-Straße 1 am Landwehrkanal.

1895   *4.–13. September:* Besuch bei Wilhelm Fließ, der Freud mehrfach an der Nase operiert.

1897   *26.–27. September:* Aufenthalt bei Wilhelm Fließ zum Zwecke eines intensiven fachlichen Austausches, eines sogenannten Kongresses.

1908   *16.–17. September:* Auf der Rückreise von England besuchen Freud und sein Halbbruder Emanuel in Berlin ihre Schwester Maria (Mitzi) in der Bamberger Straße 5.

1909   *Oktober:* Auf der Rückfahrt von einer Vortragsreise nach Amerika treffen Freud und sein Halbbruder Emanuel bei ihrer Schwester Maria ein.
Besuch bei Karl Abraham, dem lange Zeit wichtigsten Vertreter der Psychoanalyse in Berlin.
Abraham wohnt am Schöneberger Ufer 22, wenige Schritte vom Potsdamer Platz entfernt,
1910 zieht er in die Rankestraße 24, in der Nähe
von Kurfürstendamm und Bahnhof Zoo.

1913   *28. Dezember:* Auf der Rückreise von einem
Aufenthalt bei Tochter Sophie Halberstadt in
Hamburg Besuch bei den Mitstreitern Karl
Abraham und Max Eitingon sowie bei Schwester
Maria.

1914   *Mitte September:* Auf der Rückreise von einem
Aufenthalt bei Sophie in Hamburg Besuch bei
Karl Abraham.

1915   *Mitte September:* Auf der Rückreise von einem
Aufenthalt bei Sophie in Hamburg Besuch bei
Hedwig Abraham, deren Mann in Ostpreußen
stationiert ist.

1919   *Mitte September:* Auf der Rückreise von einem
Aufenthalt bei Sophie in Hamburg Besuch bei
Karl Abraham und Max Eitingon.

1920   *28.–29. September:* Auf der Rückreise von einem
Urlaub in Holland Besuch bei Karl Abraham und
der gerade verwitweten Schwester Maria.

1921   *15.–16. September:* Besuch bei den Söhnen Ernst
und Oliver sowie der Schwester Maria.
20. September: Aus Hamburg zurückgekehrt, wo
er seinen verwitweten Schwiegersohn Max Halberstadt und die beiden Enkel besucht hat,
nimmt Freud an einem Treffen des »Geheimen
Komitees« teil, des inoffiziellen Führungsgre-

miums der Internationalen Psychoanalytischen Vereinigung.

1922 *23.–27. September:* Teilnahme am 7. Internationalen Psychoanalytischen Kongreß, auf dem Freud am 26. 9. einen Vortrag mit dem Titel »Etwas zum Unbewußten« hält.

1926 *25. Dezember–2. Januar:* Freud und seine Frau Martha besuchen die Söhne Ernst und Oliver in Berlin; sie wohnen im Hotel »Esplanade«, wo sie am 27. 12. Arthur Schnitzler treffen. Am 29. 12. Begegnung mit Albert Einstein und dessen Frau Elsa.

1928 *30. August–31. Oktober:* Zur Behandlung bei Hermann Schröder, Professor für Kieferchirurgie an der Charité; Anna, die jüngste Tochter, begleitet den Vater. Sie wohnen im Ärztehaus des Psychoanalytischen Sanatoriums in Tegel.

1929 *11. März–23. März:* Zur Prothesenanpassung bei Professor Schröder in Begleitung von Anna.
14. September–26. Oktober: Zur Prothesenanpassung bei Professor Schröder in Begleitung von Anna. Selbstmord des Ehemanns von Freuds Nichte Martha (Tom), Jankew Seidmann, am 19. Oktober.

1930 *5. Mai–24. Juli:* Zur Prothesenanpassung bei Professor Schröder in Begleitung von Anna.

Auszug aus Freuds Bericht über seine mit dem Universitäts-Jubiläums-Reisestipendium unternommene Reise nach Paris und Berlin

Oktober 1885 – Ende März 1886

Dr. Sigm. Freud
Dozent für Neuropathologie a. d. Universität Wien

Hochlöbliches Professoren-Kollegium
der medizinischen Fakultät in Wien

In meinem Gesuche um Verleihung des Universitäts-Jubiläums-Reisestipendiums für das Jahr 1885/6 habe ich die Absicht ausgesprochen, mich nach Paris in das Hospiz der Salpêtrière zu begeben, um daselbst meine neuropathologischen Studien fortzusetzen. Für diese Wahl hatten mehrere Momente zusammengewirkt: Zunächst die Gewißheit, an der Salpêtrière ein großes Material von Kranken gesammelt zu finden, welches in Wien nur zerstreut und daher schwer zugänglich ist; sodann der große Name Charcots, welcher in jenem Krankenhause nun seit siebzehn Jahren arbeitet und lehrt; endlich aber mußte ich mir sagen, daß ich nicht erwarten durfte, an einer deutschen Hochschule wesentlich Neues zu lernen, nachdem ich in Wien die mittelbare und unmittelbare Unterweisung der Herren Prof. Th. Meynert und H. Nothnagel[201] genossen hatte. Die französische Schule der Neuropathologie schien mir dagegen sowohl in ihrer Arbeitsweise Fremdes und Eigentümliches zu bieten als auch neue Gebiete der Neuropathologie in Angriff genommen zu haben, auf welche sich in Deutschland und Österreich die wissenschaftliche Arbeit nicht in ähnlicher Weise erstreckt hat. Infolge des wenig lebhaften persönlichen Verkehrs zwischen französischen und deutschen Ärzten hatten die teils höchst merkwürdigen (Hypnotismus), teils praktisch wichtigen (Hysterie) Funde der französischen Schule mehr Anzweiflung als Anerkennung und Glauben in unseren Landen gefunden und mußten sich die französischen Forscher, Charcot voran, oft den Vorwurf der Kritiklosigkeit oder mindestens der Hinneigung zum Studium des Seltsamen und zu dessen effektvoller Verarbeitung gefallen lassen. Nachdem mich das löbliche Professoren-Kollegium durch die Verleihung des Reisestipendiums ausgezeichnet hatte, ergriff ich daher bereitwillig die gebotene Gelegenheit, ein auf eigene Erfahrung gegründetes Urteil über die erwähnten Reihen von Tatsachen zu gewinnen, und freute mich, dabei gleichzeitig der Anregung meines verehrten Lehrers, des Herrn Prof. von Brücke,[202] entsprechen zu können. [...]

Mein Aufenthalt in Berlin, der vom 1. März bis Ende März dauerte, fiel in die Zeit der dortigen Semesterferien. Doch hatte ich reichlich Gelegenheit, an den Polikliniken der Herren Prof. Mendel, Eulenburg und des Dr. A. Baginsky nervenkranke Kinder zu untersuchen, und fand überall die entgegenkommendste Aufnahme. Wiederholte Besuche bei Prof. Munk und im landwirtschaftlichen Laboratorium des Prof. Zuntz, wo ich Herrn Dr. Loeb[203] aus Straßburg traf, ließen mich ein eigenes Urteil über die zwischen Goltz und Munk streitige Frage der Lokalisation des Sehsinnes an der Gehirnoberfläche gewinnen. Herr Dr. B. Baginsky im Munkschen Laboratorium war so freundlich, mir seine Präparate über den Verlauf des Hörnerven zu demonstrieren und mein Urteil über dieselben zu verlangen.

Ich halte es für meine Pflicht, dem Professorenkollegium der medizinischen Fakultät in Wien für die Bevorzugung bei der Verleihung des Reisestipendiums aufs wärmste zu danken. Die Herren, unter denen sich alle meine verehrten Lehrer befinden, haben mir dadurch die Möglichkeit zur Erwerbung von wichtigen Kenntnissen gegeben, die ich als Dozent für Nervenkrankheiten wie in meiner ärztlichen Tätigkeit zu verwerten hoffe.

Wien, zu Ostern 1886.

Freud, Gesammelte Werke, Nachtragsband, S. 34 f. und 43 f.

Programm
des 7. Internationalen Psychoanalytischen Kongresses in Berlin 1922

VII.

INTERNATIONALER
PSYCHOANALYTISCHER
KONGRESS
ZU BERLIN

25. – 27. SEPTEMBER 1922

IM HAUSE DES BRÜDERVEREINS
BERLIN W, KURFÜRSTEN-STRASSE 115–116

Sonntag, den 24. September 1922

Zwangloser Empfang der Teilnehmer
des Kongresses durch die Berliner
Psychoanalytische Vereinigung
um 8 ½ Uhr abends

NOTIZ: Die Besichtigung der
PSYCHOANALYTISCHEN POLIKLINIK
findet täglich ½ 3 bis ½ 4 Uhr statt.

VORTRAGSORDNUNG

Montag, den 25. September 1922
9–1 Uhr vorm.

Präsidium: Dr. E. JONES.

Dr. S. FERENCZI, Budapest: Versuch einer Genital-
theorie.
Dr. E. SIMMEL, Berlin: Psychoanalytische Betrachtun-
gen über Krankheitsentstehung und Krankheitsver-
lauf.

Dozent Dr. F. DEUTSCH, Wien: Über die Bildung des Konversionssymptoms.

Dr. F. ALEXANDER, Berlin: Über den biologischen Sinn psychischer Vorgänge.

Dr. S. RADÓ, Budapest: Die Wege der Naturforschung im Lichte der Psychoanalyse.

Dr. I. HERMANN, Budapest: Die neue Berliner psychologische Schule und die Psychoanalyse.

4–7 Uhr nachmittags.

Präsidium: Prof. Dr. S. FREUD.

Dr. O. RANK, Wien: Perversion und Neurose.

Frau Dr. K. HORNEY, Berlin: Zur Genese des weiblichen Kastrationskomplexes.

Dr. S. FELDMANN, Budapest: Über Puerperalneurosen.

Dr. M. J. EISLER, Budapest: Hysterische Erscheinungen am Uterus.

Dr. H. NUNBERG, Wien: Über die Depersonalisation im Lichte der Libidotheorie.

Dr. E. WEISS, Triest: Die Psychoanalyse eines Falles von nervösem Asthma (Bronchialasthma).

Dienstag, den 26. September 1922

9–1 Uhr vorm.

Präsidium: Dr. S. FERENCZI.

Prof. Dr. S. FREUD, Wien: Thema vorbehalten.

Dr. A. STÄRCKE, Utrecht: Gottlose Urzeugung.

Dr. TH. REIK, Wien: Zur Psychoanalyse blasphemischer Ideen.

Dr. G. RÓHEIM, Budapest: Nach dem Tode des Urvaters.

Dr. J. VARENDONCK, Ledeberg-Gand, Belgien: The Fallacy in Silberer's conception of threshold-symbols.

Dr. G. GRODDECK, Baden-Baden: Die Flucht in die Philosophie.

4–7 Uhr nachmittags.

Geschäftssitzung:

Präsidium: Dr. E. JONES.

1. Gruppenberichte der Vorsitzenden.
2. Bericht über die Berliner Poliklinik (Dr. M. Eitingon).
3. Verlagsbericht (Dr. A. J. Storfer).
4. Referatenwesen und Jahresbericht (Dr. Th. Reik).
5. Anträge.
6. Präsidentenwahl.
7. Nächster Kongreß.

Die Herren Redner werden mit Rücksicht auf die große Anzahl der Vorträge höflichst ersucht, die festgesetzte Redezeit von 30 Minuten keinesfalls zu überschreiten.

Mittwoch, den 27. September 1922

9–1 Uhr vorm.

Präsidium: Dr. J. E. G. van EMDEN.

Dr. ST. HOLLÓS, Budapest: Traumarbeit – Psychosearbeit.

Dr. K. ABRAHAM, Berlin: Neue Untersuchungen zur Psychologie der manisch-depressiven Zustände.

Dr. A. KIELHOLZ, Königsfelden, Aargau: Zur Genese und Dynamik des Erfinder-Wahns.

Frau M. KLEIN, Berlin: Zur Frühanalyse. (Über Entwicklung und Hemmung von Begabungen.)

Dr. F. J. FARNELL, Providence. R. I. Amerika: The influence of the psycho-analytic movement on American Psychiatry.

Prof. Dr. M. LEVI-BIANCHINI, Nocera Inferiore, Italien: Über den heutigen Stand der Psychoanalyse in Italien.

Dr. G. WANKE, Friedrichroda: Über ambulatorische oder Anstalts- (Sanatoriums-) Behandlung in der Psychoanalyse.

4–7 ½ Uhr nachmittags.

Präsidium: Dr. E. OBERHOLZER.

Dr. E. JONES, London: Psycho-Analysis of the Holy Ghost.

Dr. v. HATTINGBERG, München: Zur Analyse der psychoanalytischen Situation.

Dr. J. PIAGET, Neuchâtel: La pensée symbolique ou imagée et la pensée de l'enfant.

Frau Dr. S. SPIELREIN, Genf: Psychologisches zum Zeitproblem.

Dr. A. van der CHIJS, Amsterdam: Versuch zur Anwendung der objektiven Psychoanalyse auf die musikalischen Kompositionen.

Dr. S. PFEIFER, Budapest: Musikpsychologische Probleme.

FESTESSEN
AM 27. SEPTEMBER 1922
UM 9 UHR ABENDS.

Bericht über die Feier
von Freuds 70. Geburtstag
am 6. Mai 1926
im Berliner Hotel »Esplanade«

Am 6. Mai fand im Esplanade-Hotel in Berlin eine Feier der »Deutschen Psychoanalytischen Gesellschaft« unter dem Vorsitz von Dr. Ernst Simmel statt. Der Vorsitzende würdigte das Lebenswerk Freuds und wies besonders darauf hin, daß die heute und sicher noch lange fließende Quelle von Freuds Schaffenskraft in jenem Übermaß von Liebesfähigkeit liegt, das der leidenden Menschheit von ihm aus zuströmt.

»Es fällt uns, die wir uns heute mit Stolz seine engeren Schüler, seine Schule nennen, heute, wo Freud schon anerkannt ist, ebenso wie zu jener Zeit, als er noch verkannt und verlästert war, schwer, nicht hinauszutreten vor die Öffentlichkeit und aus den vielen Erfahrungen zu berichten, die wir in der strengsten Anwendung seiner Methode gewonnen und die die unbeirrbare Logik und Konsequenz der Freudschen Psychoanalyse bewahrheitet haben.

Wir tun es nicht, weil er es nicht will. Wenn aber das Leben dieses Mannes zu jenen seltenen Phänomenen der menschlichen Entwicklung gehört, die gleichsinnig mit dem Ablauf ihres individuellen Daseins ein generelles Stück Zeitgeschichte, ja man darf es heute wagen auszusprechen, ein Stück Weltgeschichte in sich offenbaren, dann müssen die Auswirkungen dieses eminenten Geistes in führenden Geistern unserer Zeit sich widerspiegeln, und so haben wir, nur gestützt auf den Glauben an die geniale Wirkung unseres Meisters, uns kühn unterfangen, am 70. Geburtstag Freuds den ›Zeitgeist‹ selber zu uns zu Gast zu laden. Dieser Zeitgeist ist heute unter uns, er ist repräsentiert durch die Persönlichkeiten, die mündlich und schriftlich jetzt das Wort ergreifen werden.«

Geheimrat Prof. His, Direktor der Medizinischen Klinik an der Charité, setzt auseinander, daß es kaum eine Wissenschaft gibt, die nicht aus Freuds Anschauungen irgendwelche Anregungen zu schöpfen vermöchte. Freud ist aus der heutigen Geistesrichtung nicht mehr hinwegzudenken. Die Geistesgeschichte bewegt sich in Perioden. Die jetzt in den Vordergrund gelangende geistige Einstellung hat zweifellos eine Ähnlichkeit mit der vor einem Jahrhundert blühenden Romantik, die eine Reaktion auf den Rationalismus der Aufklärung darstellte. Naturforscher und Mediziner sind auf keine Romantik gut zu sprechen. Doch ist unsere Zeit von der mechanistischen Betrachtung übersättigt und von ihrer Begrenzung unbefriedigt. Wenn die Psychologie des Unbewußten früher nicht vom Fleck kam, so lag dies daran, daß sie mit ungenügender Methode an die Probleme herantrat. »Hier setzt nun die Lebensarbeit Meister Freuds ein, und ihr danken wir die Hoffnung, über die unfruchtbare Spekulation früherer Epochen hinwegzukommen. Freud hat als erster den Weg gewiesen, analytisch, induktiv an das dunkle Gebiet des Unbewußten heranzutreten. Er reiht sich den großen Pfadfindern und Wegbereitern an, er gleicht einem Kolumbus ... Noch übersehen wir die Tragweite der Freudschen Gedanken bei weitem nicht, aber der Boden ist bereitet, auf dem sie in der Medizin befruchtend wirken können. Die Medizin hat als Wissenschaft wie als Heilkunst die Pflicht, am heutigen Tage des Meisters mit innigstem Danke und mit dem Ausdruck höchster Anerkennung zu gedenken.«

Es folgte ein längerer Vortrag des Dichters und Arztes Alfred Döblin. Der Vortrag ist den Lesern dieser Zeitschrift seither durch die Wiedergabe im »Almanach 1927« des Internationalen Psychoanalytischen Verlages bekannt geworden.

Staatssekretär z. D.[204] Prof. Julius Hirsch sprach über den Einfluß unbewußter Seelenregungen auf Vorgänge der Wirtschaftsentwicklung. Die Entstehung des Freudschen Gedankenwerkes rechnete er neben der Abrundung des kosmischen Weltbildes und der Amerikanisierung der Wirtschaft zu den drei historischen Bedeutsamkeiten unseres Zeitalters.

Für die bildenden Künste ergriff Prof. Emil Orlik das Wort. Obschon der bildende Wirker sein Werk abgewandt und oft abwendig von der Wissenschaft entstehen sieht, schafft er sich doch auf dem Grundstock der Tradition einen Komplex von Erkenntnissen, die selbst eine Wissenschaft bilden. »Der Mann, den wir heute hier ehren wollen, hat aber das Erkennen und Ergründen alles Menschlichen durch seine bahnbrechende Tat so beeinflußt, daß der Weg, den er so leidenschaftlich gewiesen, nicht mehr umgangen werden kann. Die Durchleuchtung des menschlichen Charakters kann nur erschöpfend sein, wenn das Licht seiner Lehre mitgeleuchtet hat in die Finsternis des Unbewußten. Was verdeckt war, ist enthüllt, tiefes Dunkel bricht zum Tage.«

Der Bedeutung der Freudschen Lehre für die Musik gedachte in wenigen Worten der Komponist Prof. Franz Schreker.

Des ferneren wurden verschiedene Zuschriften und Telegramme verlesen. Prof. Goldstein, Direktor des Neurologischen Universitätsinstitutes in Frankfurt a. M., gibt in seinem Briefe vor allem seiner Überzeugung Ausdruck, daß die Psychoanalyse sehr Wesentliches zu einer Vertiefung unserer Erkenntnisse auch auf dem Gebiete der organischen Erkrankungen bieten kann. Fruchtbar ist an der Lehre Freuds vor allem »die allgemeine Tendenz, von der sie geleitet wird, der Ernst, mit dem das Problem des Unbewußten hier nicht nur wie sonst gewöhnlich als theoretisches Diskussionsthema gestellt wird, sondern mit dem Anspruch auftritt, das Zentralproblem zu sein, und mit der unerbittlichen Forderung auf Entscheidung bei dem Vorgehen zur Bekämpfung der Krankheiten. Hier wird Freuds Name als der eines wahren Führers unvergessen mit einem wesentlichen Fortschritt unserer Erkenntnis und unseres ärztlichen Tuns verknüpft bleiben. Hier wird ihm die Medizin und die Menschheit, der diese dient, immer zu tiefstem Danke verpflichtet bleiben.«

Die Zuschrift von Lou Andreas-Salomé ist seither an der Spitze des »Almanachs 1927« des Internationalen Psychoanalytischen Verlages abgedruckt worden.

Aus der Zuschrift von Thomas Mann: »Ich sehe in dieser Bewegung, weit über alles bloß Medizinische hinaus, eine geistige Erschütterung, deren Wellen heute überall hinreichen, und ein Hauptelement jener allgemeinen Revolution, die im Begriffe ist, das Weltbild und Lebensgefühl des europäischen Menschen bis in den Grund zu ändern.«

Professor Max Scheler gedenkt in einem Telegramm des »tiefsten Triebpsychologen unserer Zeit, des großen Durchleuchters der menschlichen Herzen«.

Jakob Wassermann schreibt: »Ein Seelenforscher von so genialer Art wie Freud, dessen Arbeit und Werk das ganze geistige Leben der Epoche beeinflußt und in manchem Betracht auf neue Fundamente gestellt hat, kann nicht ohne sichtbare und spürbare Wirkung auch auf die Kunst und das Kunstschaffen sein ... Wenn die Grenzen des Erkennens sich erweitern, dehnen sich auch die des Schauens aus, und die Ahnung und Vision des Dichters entledigt sich gleichsam ermutigt jener Gebundenheiten, die als Summe der Vorurteile seiner Zeit auch dem erleuchtetsten Geist noch anhaften … Freilich, was wir wissen können, ist winzig gegenüber der Unendlichkeit des Unbekannten, aber hier tritt der schöpferische Akt in seine Rechte, der dieses Mißverhältnis für die Dauer einer Sekunde, der Sekunde eines opfervollen und der Idee geweihten Lebens, aufhebt. Das ist auch der Punkt, wo schöpferische Erkenntnis und schöpferische Gestaltung zusammenfallen. Beides erscheint mir in Sigm. Freud als erstem vereint. Ich neige mich grüßend vor ihm und der strahlenden Fackel in seiner Hand.«

Aus der Reihe weiterer Zuschriften und Telegramme seien noch erwähnt die von Prof. Vaihinger, Prof. v. Mises, Hermann Hesse, Felix Hollaender, Dr. Max Marcuse, ferner die der ausländischen Psychoanalytischen Vereinigungen und des Zentralpräsidiums der I. PsA. V.

Der Feier wohnten u. a. auch bei: Prof. Albert Einstein, Prof. Bier, Prof. v. Eycken, Artur Hollitscher, Alice Salomon, Prof. Paneth. Der preußische Minister für Volkswohlfahrt ließ sich durch Geheimrat Professor Lenz vertreten. Für die Gesandtschaft der Republik Österreich in Berlin erschien Legationsrat Bacher, der im Namen des Österreichertumes für die Ehrung des großen Mitbürgers dankte. Der preußische Minister für Wissenschaft, Kunst und Volksbildung, der sein Erscheinen zugesagt hatte, konnte der Feier wegen dringender dienstlicher Inanspruchnahme nicht beiwohnen.

Internationale Zeitschrift für Psychoanalyse, Band 13 (1927), S. 81–83

Alfred Döblin

Zum siebzigsten Geburtstag Sigmund Freuds

In einem alten indischen Buch wird erzählt, wie ein Königssohn zu einer unglückverheißenden Stunde geboren wird und deshalb verstoßen und von Waldbewohnern aufgezogen wird. Er wächst heran in dem Wahn, Waldmensch zu sein. Bis ihn eines Tages Minister des Königs, der gestorben ist, aufsuchen und über seine Herkunft belehren. In diesem Augenblick hört die Wahnvorstellung auf, und er weiß, daß er ein König ist.

In solchem Wald hatten jahrzehntelang, bis in unser Jahrhundert hinein, die Gedanken der europäischen Menschen gehaust. Und ein Minister, der verkündete, daß der König gestorben sei, heißt Freud.

Die Macht, die die Gedanken der Menschen so lange einseitig führte und auch drückte, waren der Naturalismus und der Materialismus. Das war eine kraftvolle Bewegung, man wird ihren Kern nicht verleumden. Es war mehr als eine vorübergehende Bewegung. Sie ist jetzt zurückgedrängt, und ihre Exzesse sind überwunden, aber sie wird wieder auftauchen und ihre Fruchtbarkeit zeigen. Da war der Kopf von Helmholtz, ein Entdecker und Fortführer. Da war die skeptische Klarheit und unerbittliche Nüchternheit von Rudolf Virchow, da konzipierte Ehrlich seine mächtigen Ideen. Wirklich Ungeheures hat die Naturwissenschaft dieser Periode unter solcher geistigen Führung geleistet, und die Technik, die jetzt die Wirtschaft beherrscht, fußt auf den Ergebnissen und Leistungen dieser Periode. Es ist kein Grund, diese Zeit zu verleumden.

Aber es gibt Dinge, an die diese Epoche nicht herankam. Da gibt es in der Welt etwas, es ist kurios zu sagen, was sich nicht wägen lassen will, nicht messen lassen will, dem Seziermesser und dem Mikroskop entgleitet und doch die fabelhaftesten Wirkungen übt. Die ganze Weltgeschichte ist eine Leistung dieses nicht wägbaren, nicht meßbaren, unsichtbaren und schlüpfrigen Dinges. Es ist eigentümlich und geradezu herausfordernd, daß gerade die Sachen, auf die der Mensch am stolzesten ist, die ihn charakterisieren, Leistungen dieses unwägbaren, unmeßbaren Dinges sind. Es ist die Seele.

Da hatte eine freche Behauptung gelautet: Man kann die schärfsten astronomischen Fernrohre in den Raum richten, und man wird keinen Gott entdecken. Und eine andere: Man kann die Großhirnrinde und alle menschlichen Organe mikroskopieren, man wird nur Zellen und Fasern entdecken. Es war eine Lücke in diesem Denken. Welches Instrument sollte man gebrauchen in dieser instrumentwütigen Zeit? Keins. Nur den einfachen ruhigen und undogmatischen Blick.

Freud wuchs in der älteren Periode auf. Er trieb Gehirnanatomie, bediente sich des Mikroskops. Er war Neurologe wie viele andere. Versuchte, sich zu komplettieren, in Paris und Nancy. Da lehrten Charcot und Bernheim. Was nun dieser Charcot war, hat Freud selbst geschildert: ein voller Mensch, kein Grübler, durchaus kein Denker, aber ein Seher. Charcot sah, das war sein Instrument, und gegen die deutschen Theoretiker hatte er unablässig die Rechte des Sehens zu verteidigen. Sie vertraten die Young-Helmholtzsche Theorie; er sagte: »Die Theorie ist gut, aber das hindert doch nicht zu existieren.«

Und was nun Freud hier auf einem kleinen Spezialterrain lernte, wurde entscheidend. Er gewöhnte sich zunächst ab, über die Hysterie zu lachen. Ich möchte feststellen, es geht die Fabel: In der Charité stand an einer großen Klinik vor zwanzig Jahren bei gewissen Fällen das geheimnisvolle Zeichen T. M. an der Tafel. T. M. hieß »total meschugge« und bezeichnete – den Hysterischen. Die Objektivität und Echtheit der hysterischen Erscheinungen stand in Paris fest, und allgemein, das war etwas Großartiges und weit Ausgreifendes, stand fest: die Bedeutung seelischer Vorgänge auf die Bildung, die Erzeugung hysterischer Symptome. Wenn da noch irgend etwas unklar war, so mußte die Hypnose, die man bei Charcot übte, allen Zweifel beheben: grobe körperliche Erscheinungen, wie Lähmungen, ließen sich da als Erfolge von Vorstellungen nachweisen.

Jetzt saß der Wurm in Freud. Er war in die große Lücke der Zeit getreten. Er hat dann nicht mehr nach dem Mikroskop gegriffen. Vielleicht hätte ein anderer nun philosophiert und über die Zusammenhänge von Leib und Seele gegrübelt. Bekanntlich hängen in diesem Stacheldraht schon viele Denkerleichen. Es hätte sich dann nichts ergeben, und daß da vieles dunkel ist, wissen wir auch nach Freud. Er ist aber wie ein wackerer Mediziner seinen Weg fürbaß gezogen. Er war damals, nach Wien zurückgekehrt, noch kleiner Privatdozent. Später ist er Professor geworden, aber Professor nicht der Philosophie oder Theologie, sondern Professor der Medizin. Er hat es verdient.

Er hat es darum verdient, weil er Tausenden Kranken zu ihrem Recht verhalf, als Kranke zu gelten. Es gab viele genau beschriebene Krankheiten mit sogenanntem Organbefund. Und wer das Glück hat, solche Krankheit zu besitzen, wurde ernsthaft behandelt. Nichts hebt einen Kranken mehr in der Achtung des Arztes, als wenn er einen gut greifbaren Geschwulstknoten vorzeigt. Was tut man aber ohne Geschwulstknoten? Etwa bloß mit Kopfschmerzen? Oder wenn einer weinen muß und er gesteht selbst, er hat gar keinen Grund zu weinen, es geht ihm eigentlich ganz gut, auch zu Hause tut ihm keiner was. Da blieb nichts weiter übrig, ich meine früher, als ihm die Diagnose T. M. zu geben, ein Wort von erblicher Belastung zu murmeln, ihn mit Bromkali auf einem Zettel zu verjagen und sich im geheimen zu denken: es ist doch eigentlich ein starkes Stück, womit einen die Leute belästigen; das sollte er eigentlich seiner Schwiegermutter erzählen, nicht mir. Aber die Kranken sind weiter unablässig zu den Ärzten gelaufen. Und schließlich haben die Ärzte nachgegeben: Sie haben die Augen aufgemacht.

Es muß festgestellt werden, daß Freud nicht Schüler Charcots blieb. Charcot zimmerte sein abgeschlossenes Hysteriegebäude nach gutem alten Muster, und dabei blieb er stehen. Freud sah Fragen, sah Neuland, wuchs weg von Charcot und stand in dem Moment auf seinem Boden, wo er mit Breuer zusammen die Beobachtung machte: der Hysterische leidet größtenteils an Erinnerungen. Das war eine saubere und einfache psychologische Beobachtung. Jeder Menschenkenner hätte sie machen können. Aber die Menschenkenner kamen nicht an die Hysterie heran, und die Ärzte waren zu vornehm, um Menschenkenner zu sein.

Denn es paßt sich nicht für einen Mediziner, zu erkennen, ohne vorher ein paar Karnickel zu schlachten. Das sind gewissermaßen Opfer für den Gott der Erkenntnis. Aber der Gott hört nicht immer. Es konnte nach dem Auftauchen Freuds ein großes Aufatmen unter den Meerschweinchen und Karnickeln beginnen. Ich habe gehört: es sind Deputationen dieser Tiergeschlechter nach Wien gegangen, zu Freuds Geburtstag, um ihrem großen Retter zu danken.

Der Hysterische leidet an Erinnerungen: damit geht es mit voller Fahrt ins Psychische hinein. Was gab es denn vorher für eine Psychologie, gab es keine? Oh, reichlich! Schon lange vor Freud gab es sogar Lehrstühle für Psychologie; ich glaube aber, er würde sich noch heute vergeblich um solchen Lehrstuhl bewerben. Die Psychologie da und seine würden sich nicht erkennen und voreinander erschrecken. Es werden da richtige und wichtige Dinge abgehandelt, aber es ist im ganzen nur wenig und nicht das Wesentliche von der Seele, was diese psychologischen Kollegs beschäftigt.

Die menschliche Seele war schon vor Jahrhunderten, da sie von den Psychologen und den Ärzten verstoßen war, auf eine große Wanderschaft gegangen. Sie war zu den Dichtern geflohen und auch zu den Pfarrern. Die waren recht lieblich mit ihr umgegangen. Der Pfarrer hatte sie an das Gebetbuch geführt. Der Dichter reichte ihr den Arm und ging mit ihr im Grünen spazieren. Freud ließ sie in sein Sprechzimmer eintreten, machte die Tür hinter ihr zu und sagte: »Legen Sie ab, gnädige Frau. Ja, bitte: ziehen Sie sich aus.« Ich möchte bemerken, daß die Seele bis zum heutigen Tag über diesen Anruf erschrocken an der Tür stehengeblieben ist und noch nicht mehr als den Hut abgelegt hat.

Von 1892 bis jetzt, 1926, also vierunddreißig Jahre, hat Freud sich um die Seele bemüht, praktiziert und gelehrt. Es hat sich um ihn ein wachsend großer Kreis von Schülern gebildet. Das Ganze ist eine Seefahrt: sie fahren auf dem Meer der menschlichen Seele; sie loten, prüfen Wind und Wellen, Eigenart des Wassers in seinen Tiefen. Das Meer ist groß, größer als irgendein Ozean, und ich möchte nicht verhehlen, daß ich manchmal den Eindruck habe, nicht alle Schüler wissen, welch beispiellos riesengroßes Wesen sie da befahren. Es kommen sich manche schon sehr wissend vor. Man wird leicht übermütig, wenn man dauernd ein und dieselbe Route befährt. Von Freud selbst liegen zehn starke Bände vor, die noch nicht alles umfassen. Das ist eine vorläufige Rekognoszierung des neu betretenen Terrains, jener Lücke, von der ich sprach. Was er da vorträgt, ist für die Medizin etwas ganz Ungewöhnliches; man hat sich aber jetzt schon daran gewöhnt. Seine Krankengeschichten, wie sehen sie aus? Er sagt selbst: »Ich bin nicht immer Psychotherapeut gewesen, sondern bin bei Lokaldiagnosen und Elektrodiagnostik erzogen worden, und es berührt mich selbst eigentümlich, daß die Krankengeschichten, die ich schreibe, wie Novellen zu lesen sind und daß sie sozusagen des ernsten Gepräges der Wissenschaftlichkeit entbehren. Ich muß mich aber damit trösten, daß für dies Ergebnis die Natur des Gegenstandes offenbar eher verantwortlich zu machen ist als meine Vorliebe. Lokaldiagnostik und elektrische Reaktion kommen bei dem Studium der Hysterie eben nicht zur Geltung, während eine eingehende Darstellung der seelischen Vorgänge, wie man sie vom Dichter zu erhalten gewohnt ist, mir gestattet, doch eine Art von Einsicht in den Hergang des Leidens zu gewinnen. Solche Krankengeschichten haben vor psychiatrischen eines voraus, nämlich die innige Beziehung zwischen Leidensgeschichte und Krankheitssymptom, nach welcher wir in den Biographien der Psychosen noch vergebens suchen.« Man beachte den einfachen klaren Stil, es ist gar kein Stil; er sagt ungekünstelt und phrasenlos, was er meint; so spricht einer, der etwas weiß.

Freud, in das Seelengebiet einrückend, stellte zunächst das Allergröbste fest, und das war, daß es etwas Unbewußtes gibt. Es ist ihm eigentümlich gegangen: links hat er an die Dichter gestoßen, rechts die Philosophen verärgert, vorne den Ärzten auf die Hacken getreten. Es waren gar keine Worte da für das, was Freud meinte und was er auch sah im Seelischen. Sagen mußte er es. Woher nehmen und nicht stehlen? Da stahl er. Von den Philosophen das Unbewußte. Die meinten damit mancherlei, Unsicheres, worüber sie disputierten. Freud meinte nur einen ganz gewöhnlichen seelischen Tatbestand, der täglich vor seine Augen trat. Die nähere Bestimmung und Aufklärung des beobachteten Tatbestandes, sagte er, wird sich schon beim Arbeiten mit dem Begriff ergeben. Das ist so: erst nimmt man einem das Geld und gebraucht es; nachher wird sich schon herausstellen, wem es gehört. Aber die Methode hat sich bewährt, ich meine in der Wissenschaft.

Es lichtete sich vieles von den Zwangsneurosen, Angstneurosen, paranoischen Zuständen. Es wurde vor allem deutlich, daß unterirdisch in uns eine Art Gedächtnis verläuft, ein aktives Gedächtnis, das uns mit Instinkten belädt und bis auf Urväterzeiten zurückgeht. Er findet: Ebensowenig wie der Körper von heute auf morgen gemacht ist, von jeder Mutter selbständig neu geboren wird, sondern eine ungeheure Tiergeschichte hinter ihm steht, so wird die Seele nicht in jedem Fall neu aufgebaut. Die Seele hat ebenso eine ungeheure Vergangenheit, sie hat ja schließlich diesen Körper beseelt, und bis in die Tierzeit hinein senkt sie ihre Wurzeln. So hat Freud ein Stück Historie der Seele bloßgelegt. Er ist ins Traumreich vorgestoßen, hat da das eigentümliche archaische Denken erkannt, das Denken in Symbolen, die merkwürdigen Verdichtungen, die Zeitverschiebungen. Freud als Historiker der Seele: hier vornehmlich hat er Dinge geleistet – man kann im einzelnen sagen, was man will –, die sich sehen lassen können und die sich im Kern mit jeder Sicherheit behaupten werden. Er hat da bei seinen Kranken, nur sich der Augen und des ruhigen Nachdenkens bedienend, die wunderbare Entdeckung gemacht, die später von anderer Seite her gestützt wurde, von der Übereinstimmung zwischen dem Seelenleben wilder Völker und mancher Neurotiker. Hier ist überall von ihm der erste Spatenstoß getan; kleine Schürfungen, ja schneidige Kavallerieritte in dies Gebiet hinein haben schon andere getan; der Name Nietzsches, des Genealogen der Moral, ist nicht zu vergessen.

Zuletzt ist Freud auf seine Weise auf Exkursionen gegangen, ins Biologische hinein. Denn nun steht die Sache schon so, daß nicht mehr wie vor dreißig Jahren die Anatomie und Physiologie Seelenvorgänge erklärt, sondern daß biologische Daten, Lebensbewegungen elementarer Art begreifbar werden durch Daten, die man aus unserem eigenen Seelenleben herausgeholt.

All diese Erkenntnisse hat Freud ständig aus der Praxis, aus der Beobachtung lebender Menschen geschöpft. Er hat die Erkenntnis ständig zurück in die Praxis fließen lassen. Das ist die psychoanalytische Behandlung Freuds. Es ist eine ganz originelle Methode. Es soll da der Mensch, also der Kranke, aus dem Nigger und Kannibalen in eine zivilisierte Person umgewandelt werden. Man wird zugeben, daß das eine ganz besondere Aufgabe ist und daß dazu ganz besondere Hilfsmittel notwendig sind. Mit Beichte ist es nicht getan. Freiwillig wird überhaupt ein Kannibale nicht zivilisierter Mensch.

Schwere Widerstände sind zu brechen; es kommt zu starken Erschütterungen des Seelenlebens. Dabei wird nicht hypnotisiert, nicht grob suggeriert, sondern nur geführt, aufgedeckt und unermüdlich gedrängt. Ich bin, nebenbei bemerkt, der Meinung, daß es einer besonderen Analyse bedürfte, um festzustellen, was eigentlich diese ausgeübte Analyse ist. Aber daß sie, in dieser oder jener Form, orthodox oder liberal geübt, starke und fördernde Wirkung hat in einem bestimmten Kreis von Fällen, ist sicher.

Wie anders übrigens ist diese Methode als die der früheren oder der übrigen Ärzte. Früher hatte ein Patient Husten, das war aber gar kein Husten, das war eine Bronchitis acuta oder chronica oder gar ein Emphysem, und damit war der Husten der Kenntnis des Mannes entzogen. Er war ihm gewissermaßen geraubt. Der Mann war um seinen Husten gekommen. Und dann die Zauberformeln der Rezepte und die Untersuchungen: das sind ja beinah hierarchische und liturgische Prozeduren. Ein Rezept, selbst wenn nur Brusttee in lateinischer Sprache darauf steht, hat etwas Geheimnisvolles und aristokratisch Abweisendes an sich. Das Vertrauen, das der Patient dem Arzt schenken soll, kann nur Vertrauen in die geheimnisvolle Macht des Arztes und der Wissenschaft hinter dem Arzte sein. Also es liegt eine Art Unterwerfung und magischer Gläubigkeit vor. Bei jeder Seelenarbeit aber von Arzt und Patient heißt es mit offenen Karten spielen. Man spricht deutsch, nicht einseitig lateinisch, und in jedem Sinne hat man deutsch miteinander zu sprechen. Das ist etwas Demokratisches. Ich finde, das hat etwas Wohltuendes, und schon diese Art des Umgangs von Arzt und Patient ist befreiend und ein Gewinn.

Wie soll ich nun zum Schluß Freud loben. Er hat große Anfeindungen zeit seines Lebens erfahren, manche seiner Schüler haben aus seinen Lehren eine Art Konfession gemacht, er selbst aber hat sich durch kein Dogma binden lassen und weiß, daß die geistigen Dinge im Fluß bleiben müssen. Freud ist, wie man sagte, ein großer Beleber, Beweger, Heraufführer der neuen Zeit. Ich nannte ihn den Minister, der dem Waldmenschen anzeigte, daß er ein König sei. Er beseitigte den Irrtum; der Waldmensch mußte aber schon selbst König sein. Es gibt, recht gesehen, überhaupt keine Beleber und Beweger. Das Leben und was wahrhaft lebendig ist, ist immer massenhaft da und bedarf nur eines Hervorrufes. So sind alle guten und wahrhaft wichtigen Dinge: sie sind massenhaft verbreitet, das Neue muß immer in dieser Weise vorbereitet sein, einen Boden finden, sonst nützt – es ist tragisch, aber nicht zu bestreiten –, sonst nützt der genialste Gedanke nichts und das stärkste Führertalent zerbricht. Da hat Freud ein großes Glück gehabt. Vor ihm und zeit seines Lebens um ihn herum sind ähnliche Gedanken gewachsen, sind Bewegungen aufgetaucht, die man mit ihm in Zusammenhang gebracht hat. Es sind Triebe aus derselben Wurzel. Er war einer der frühsten und kräftigsten Triebe. Man widerstrebe dieser Auffassung nicht. Man sehe sich die berühmtesten Namen an, etwa Napoleon, oder von heute Lenin. So gewaltig die Männer waren, so weit sie durchschlagend wirkten, sind sie nur mächtige Anfacher gewesen. Erfüller ihrer Zeit.

Es ist da der Unterschied zwischen dem Blasebalg und dem Feuer. Das Feuer muß brennen, damit der Blasebalg wirkt. Große Männer sind die, die ein wirkliches echtes Feuer zu einem weiten und allgemeinen anfachen. Solch Blasebalg ist Freud.

Ich will da eine Meinung besonders erwähnen, die mir am Herzen liegt, die Meinung: Freud habe die Dichtung beeinflußt oder werde sie beeinflussen. Man hat gesagt: die Freudsche Tiefenpsychologie wird eine Tiefendichtung zur Folge haben. Ein kompletter Unsinn. Noch immer hat Dostojewski vor Freud gelebt, haben Ibsen und Strindberg vor Freud geschrieben. Und wir wissen ja, Freud hat selbst an ihnen gelernt und an ihnen demonstriert. Die Unterschiede sind nicht: Tiefdichter und Flächendichter, sondern: gute Dichter und schlechte

Dichter. Die guten haben ihre Intuition, die macht alle Anleihen überflüssig; und den schlechten ist so und so nicht zu helfen.

Wie aber sogar die Grundwahrheit Freuds selbst, die von der Seele, den Dichtern, wenn auch nicht den Wissenschaftlern, bekannt war, wie diese solide Wahrheit und Dinge darüber hinaus sich sogar in der strengsten naturalistischen Zeit bei den Dichtern lebendig erhielten, zeigt Walt Whitman. Einmal singt er:

»Verlangte jemand, die Seele zu sehen? / So sieh deine eigene Gestalt und dein Antlitz, Menschen, Stoffe, Tiere, die Bäume, die fließenden Ströme, die Felsen, den Sand am Meer / Sie alle enthalten geistige Freuden und geben sie hernach wieder frei / Dein wahrer Leib und jeglichen Mannes und Weibes wahrer Leib. / So treu, wie die Typen, die der Setzer setzt, ihren Abdruck prägen, die Bedeutung, der wesentliche Sinn / Genau so treu prägt eines Mannes Wesen und Leben oder eines Weibes Wesen und Leben sich in Leib und Seele aus / Einerlei, ob vor oder nach dem Tode / Siehe, der Leib enthält und ist die Bedeutung, der wesentliche Sinn, und enthält und ist die Seele.«

Das greift über die Wissenschaft hinaus und ist noch lange nicht für eine heutige Wissenschaft erfaßbar. Die Dichtung ist aber allgemein und überhaupt ein sehr mißachtetes, großartiges Wissensreservoir der Menschen. Eine Quelle, kein Nebenfluß.

Man hat Freud verargt, daß er, der im Seelischen die enorme Wirksamkeit einer gesellschaftlichen Zensur fand, daß er nicht den Schritt aus dem Sprechzimmer heraus machte und auf den Plan trat, um im Sozialen, Pädagogischen oder wie sonst die Gesellschaft zu verändern. Warum hat er dies alles gesehen und hat nicht verändert und zerstört? Man braucht nur die Bilder, die

Photographien Freuds in verschiedenen Lebensaltern zu sehen, um sich die Frage zu beantworten. Immer erkennt man den Beobachter, einen deutlich mißtrauischen und skeptischen Menschen, einen Pessimisten. Er teilt nicht den Aberglauben an den großen Wert menschlicher Einrichtungen, an den Wert für die wirkliche Veränderung der Seele. Er wäre kein Kenner der menschlichen Seele, wenn er glaubte, mit irgendwelchen raschen Änderungen im Sozialen ließe sich Entscheidendes an der menschlichen Seele ändern. Er ist in dieser Skepsis und Zurückhaltung völlig identisch etwa mit Tolstoi.

Glaube man nun aber nicht, daß nach Abklingen des materialistischen Zeitalters auf die materialistische Überschätzung der Tatsachen und Einrichtungen ein Quietismus, ein wonniges Planschen in Seele und Lyrik folge. Mögen Dunkelmänner nicht glauben, die angenehme Dämmerung für sie sei gekommen. Mögen diejenigen nicht Morgenluft wittern, die in der vergangenen Periode niedergekämpft sind und denken sich jetzt wieder zu erheben. Im Gegenteil, die menschliche Kraft, Verantwortung und Entschlossenheit, auf ihren Boden zurückgeführt, wird sich jetzt heftiger als je fühlen. Jetzt heißt es wie nur je: wir haben unsere Sache auf uns gestellt. Wahrhaftig, die Zeit der Flauheit und des Defaitismus ist gründlich vorbei.

In zwiefacher Hinsicht lobe ich Freud – und ein Stück ist da so gut wie das andere. Als einen Wohltäter der Menschheit, der breit die Türe zu dem Krankheitsherd vieler Leiden geöffnet hat. Und dann als Geistesführer, als einen, der in Europa am frühesten wieder in der Wissenschaft das Königsgebiet der Seele betrat.

Da muß es mir fern sein, einer kalten Bewunderung Ausdruck zu geben, von großen Leistungen zu sprechen, Farben zu beschnüffeln und Details zu bekritteln. Mit

Zustimmung und Herzlichkeit, mit Liebe treten wir vor Sigmund Freud. Und wünschen ihm und uns zu seinem siebzigsten Geburtstag Glück.

Almanach der Psychoanalyse 1927. Wien: Internationaler Psychoanalytischer Verlag, S. 28–38. © Patmos Verlag GmbH & CoKG, Düsseldorf

Aus der Broschüre
der Psychoanalytischen Klinik Schloß Tegel

1927

SANATORIUM SCHLOSS TEGEL
PYCHOANALYTISCHE KLINIK
CHEFARZT: DR. MED. ERNST SMMEL
BERLIN-TEGEL
Gabrielenstraße
Telefon Tegel 3050/51

Am 11. April 1927 wurde das Sanatorium Schloß Tegel am Tegeler See, nachdem es einen entsprechenden Umbau erfahren hatte, seiner neuen Bestimmung als Psychoanalytische Klinik übergeben.

Ich habe für diese Heilstätte, die in ihrer landschaftlich schönen und ruhigen Lage dem Patienten alle Vorzüge eines Sanatoriums bietet, die Bezeichnung Klinik gewählt, um der Tatsache Ausdruck zu verleihen, daß hier nicht Rekonvaleszenten und allgemein Erholungsbedürftige, sondern spezifisch Kranke durch eine spezifische Behandlung Genesung finden sollen.

Das medizinisch Neuartige an dieser Klinik ergibt sich aus dem Prinzip, daß hier für die Krankheitsbetrachtung wie für die Krankheitsbehandlung der seelische Anteil an der menschlichen Persönlichkeit als Leitmotiv gelten soll.

Allem, was vom Psychischen her Geist und Körper des Menschen mit Krankheit und Zerfall bedroht, soll hier durch eine naturgemäße, zweckentsprechende Therapie begegnet werden.

Die zum Ziel führende Methode kann allein die Psychoanalytische Heilmethode Sigmund Freuds, zumindest eine an ihren Erfahrungen orientierte Therapie sein; denn nur sie eröffnet dem ärztlichen Wissen den Zugang zu jener tiefsten Schicht der Seele, »dem Unbewußten«, die die wesentlichen Wurzeln alles Krankseins umschließt.

Die Beachtung, die Ärzte und Kranke der Arbeit unserer Klinik wie ihren bisherigen Erfolgen entgegenbrachten, gibt mir die Sicherheit, daß meine Mitarbeiter und ich auf dem richtigen Wege sind. Die Psychoanalytische Klinik wird, auf ihrer Linie fortschreitend, so hoffe ich, den Leidenden dienen wie den Intentionen des Meisters der Psychoanalyse gerecht werden können »im Kampf gegen das Übermaß von neurotischem Elend, das es in der Welt gibt«, heut aber, seit Freud, »nicht mehr zu geben braucht«.

Berlin-Tegel   Dr. med. Ernst Simmel

Vom Wesen und Wirken
der psychoanalytischen Heilkunde

Durch die psychoanalytische Methode hat Sigmund Freud den Zugang zum unbewußten Seelenleben des Menschen erschlossen. Er hat entdeckt, daß das Unbewußte Vorstellungen beherbergt, die »verdrängt«, d. h. völlig vergessen sind, aber infolge ihrer Geladenheit mit Affekten (z. B. Haß und Liebe) die bewußte Persönlichkeit erheblich beunruhigen und den normalen Ablauf ihrer seelischen und körperlichen Funktionen weitgehend beeinträchtigen können – hier liegen die Gründe für die Entstehung einer »psychogenen« Krankheit.

Dem Kranken selbst unerklärliche Erregungen und Antriebe, Angst und Hemmungszustände beherrschen das Gemüt und können Lebensfreude und Existenzmöglichkeit empfindlich stören. Alle noch so ehrlich gemeinten Willensanstrengungen des Betreffenden, sich selbst zu helfen, sind vergeblich; denn der Wille selbst ist an seiner Entfaltung gehemmt. Kann doch der Mensch nur wollen, was er weiß. An den Grenzen seines Bewußtseins enden auch die Möglichkeiten seines bewußten Wollens. Die Energien aber, die den einzelnen sonst zum Leben befähigen, werden bei solch ergebnislosen Bemühungen – im Gegeneinanderarbeiten der seelischen Kräfte – im Innenleben wirkungslos verbraucht.

Viele Menschen aber, die seelisch leiden, »kranken« am Leben selbst. Sie verstricken sich immer wieder mit ihren Mitmenschen in Konflikte, die unlöslich erscheinen, wie z. B. bei Entfremdungen mit der eigenen Familie, Ehezerrüttungen oder Berufsschwierigkeiten und ähnliches. Als Abschluß scheint die Zerstörung der persönlichen Existenz oft unvermeidbar. Materieller Ruin oder Selbstmord sind die letzten Konsequenzen. Es muß noch als eine »milde Lösung« der Konfliktsituation betrachtet werden, wenn sie vorübergehend durch eine schwere seelische oder körperliche Erkrankung aufgehoben wird.

Die psychoanalytische Erfahrung lehrt, daß derartig Unglückliche nur scheinbar unüberwindlichen Schwierigkeiten von außen ausgesetzt sind. In Wirklichkeit sind sie, ohne es zu wissen, abhängig von inneren Schwierigkeiten, deren Ursprung im Unbewußten verborgen ist. Werden doch hier – durch äußere Anlässe mobilisiert – jene unbewußten Vorstellungskomplexe übermächtig, die in ihrer tiefsten Schicht immer unerledigte Konflikte aus der Vergangenheit, speziell der Kinderzeit darstellen. – Denn hier, in der frühen, infantilen Vergangenheit, entspringt jene Quelle ständiger Störungen für die erwachsene »nervöse« Persönlichkeit, die sie in ihren normalen Leistungen behindert oder auch – durch Lähmung der freien Erkenntnis für die realen Notwendigkeiten – in ihrer Beziehung zur Umwelt verwirrt.

Die allgemeinste Bedeutung des Begriffes »Kranksein« liegt deshalb nach Freud in der Tatsache einer mehr oder weniger weitgehenden Beeinträchtigung von »Existenz und Genußfähigkeit«.

Der bisher so rätselhafte »Sprung vom Seelischen ins Körperliche« ist uns dabei gerade durch die Psychoanalyse verständlicher und der Behandlung zugänglich geworden.

Die Tatsache, daß bewußte Erregungen, wie Angst und Wut, in ihrem Übermaß auf Organsysteme abströmen, ist uns vertraut. Krampferscheinungen an der Muskulatur und am Gefäßsystem, Schweißausbrüche, Gallenkoliken, Darm- und Blasenstörungen dienen dem Ausgleich eines gefährdeten Affektgleichgewichts. Durch die Psychoanalyse wissen wir, daß auch die unbewußten Vorstellungen in gleichem Sinne von ihrem Übermaß an Affekten dadurch entlastet werden, daß diesen der Abfluß in Organfunktionen ermöglicht wird.

So entstehen alle sogenannten »nervösen« Organerkrankungen, wie Magen-, Darm- und Herzneurosen, Lungenneurosen (Asthma) u. a. mehr. Aber auch viele sogenannte rein organische Erkrankungen können so ihren Anfang nehmen bzw. aus unbewußt psychischen Gründen chronisch und an ihrer Ausheilung behindert werden.

Das Haupterfolgsorgan für die Auswirkung des unbewußt Seelischen dürfte das sympathische und parasympathische Nervensystem in Verbindung mit dem innersekretorischen Drüsenapparat sein. Es ist verständlich, daß eine zu starke seelische Inanspruchnahme dieses lebenswichtigen Apparats eine verhängnisvolle Rolle bei Stoffwechselstörungen, namentlich bei der Zuckerkrankheit und bei der Basedowschen Erkrankung, spielt.

Von den Störungen der Gallenabscheidung bis zur Steinbildung wußte der Laie längst, daß sie mit »Aufregungen« im Zusammenhang stehen. Erst heute können wir mit einer psychoanalytischen Therapie die bewußten und gleichzeitig unbewußten Quellen dieser krankmachenden Energien beseitigen.

Die Psychoanalyse ist also imstande, physische Organarbeit, die lebenswichtige Aufgaben zu erfüllen hat, dadurch zu entlasten, daß sie ursprünglich Seelisches wieder einer psychischen Bewältigung zuführt. Das Prinzip der Psychoanalytischen Methodik ist also das gleiche bei der Behandlung rein seelischer Erkrankung wie bei der Einwirkung auf die psychische Komponente von körperlichen Leiden. Es wird wirksam durch die spezifische Leistung dieser Methodik, die Grenzen der Bewußtheit nach der Tiefe des unbewußten Seelenlebens hin zu erweitern und so dem Ich breitere Angriffsmöglichkeiten zu schaffen für ein zweckmäßiges, der Realität angepaßtes Wollen!

Durch eine Harmonisierung der psychophysischen Gesamtpersönlichkeit wird die Lebenstüchtigkeit und Lebensfreude des Individuums wiederhergestellt.

Das Aufgabengebiet der Psychoanalytischen Klinik

Bisher konnten nur solche Kranke mittels des psychoanalytischen Heilverfahrens behandelt werden, denen ihr Gesundheitszustand erlaubte, täglich – bzw. mehrmals in der Woche – den Analytiker zu einer fest bestimmten Stunde in seiner Wohnung aufzusuchen. Seit langem hat sich hier ein schwerer Notstand fühlbar gemacht. Es gibt nämlich nicht wenig Leidende, denen die Psychoanalyse erfolgreich helfen könnte, wenn nicht gerade ihr besonderer krankhafter Zustand sie ans Haus fesselte oder sonst die konsequente Durchführung der Analyse in der Wohnung des Arztes unmöglich machte. Auch können die wechselseitigen Rückwirkungen zwischen dem Kranken und seiner Umwelt so vielfältige sein, daß eine Psychoanalyse oft nur dann erfolgversprechend ist, wenn der Analysand zeitweilig von seinem bisherigen Milieu isoliert werden kann.

Die Psychoanalytische Klinik will darum in erster Linie solchen Kranken helfen, die infolge der Schwere und Ausdehnung ihres neurotischen Symptombildes ambulant entweder gar nicht behandelt werden konnten oder bei denen sich die ambulante Behandlung allein als unzureichend erwies, um den Heilerfolg – in den gegebenen zeitlichen Grenzen – zu erzielen.

Dahin gehören sowohl fortgeschrittene Zwangsneurosen und Phobien (u. a. viele Fälle von Straßenangst) wie auch zahlreiche hysterische Erkrankungen, bei denen funktionelle Organstörungen die Existenzfähigkeit des Kranken – oft sehr weitgehend – beeinträchtigen: komplizierende Herzneurosen, Neurosen des Respirations- (Asthma) und des Ernährungstraktes (Anorexie, Ösophagospasmen, Hyper- und Anacidität, Indigestionen und Obstipationen), Neurosen des Harn- und Genitalapparats (nervöse Poly- und Pollakisurien, schwere Dysmenorrhöen) usw.

Als zweites – gleich wichtiges – Arbeitsgebiet stellt sich die Psychoanalytische Klinik die Aufgabe, den Süchtigen aller Art: Morphinisten, Kokainisten, Alkoholisten, gegebenenfalls auch den unfreiwillig an Schlafmittel Fixierten (Veronalisten, Chloral-, Paraldehyd- usw. Mißbrauchern) eine wirklich systematische Behandlung zu gewährleisten, die der Psychogenese, also der eigentlichen Wurzel dieser Leiden, gerecht wird. Das bedeutet, es soll eine Abstinenz nicht, wie bisher üblich, durch das mechanische Mittel des Zwanges oder der stufenweisen Abgewöhnung erzielt werden, was bekanntlich meist zu Rückfällen führt; sondern durch eine gleichzeitig mit der Entziehung des Rauschgiftes durchgeführte psychoanalytische Behandlung soll die dem Rauschbedürfnis stets zugrunde liegende neurotische Seelenstörung geheilt und damit die Wiederkehr der »Sucht« verhütet werden.

Ein den Süchten verwandtes Leiden ist die Spielleidenschaft, die ebenfalls eine Einschränkung des Kranken im Genusse seiner Spielsucht für die Dauer der Behandlung notwendig macht.

In das Aufgabengebiet der psychoanalytischen Sanatoriumsbehandlung gehört ferner jegliche Art von nicht konstitutionell bedingten Triebstörungen und Charakterfehlentwicklungen, letztere speziell von Jugendlichen und Kindern, die eine besondere Überwachung auch außerhalb der psychoanalytischen Behandlungssituation erfordern (z. B. soziale Gefährdung durch Kleptomanie, Verschwendungssucht u. ä.).

Die Indikation für einen kurzdauernden, vorübergehenden Aufenthalt in einem psychoanalytischen Sanatorium scheint in prophylaktischer Hinsicht auch dann gegeben, wenn relativ zu erhebliche aktuelle Schwierigkeiten und Konflikte (z. B. bei Ehezerrüttungen s. o.) Persönlichkeiten mit allgemeiner Insuffizienz bedrohen. Die Gefahr mißglückter Konfliktbewältigung mit ihrem häufigen Ausgang in weitergehende Erkrankung (»Flucht in die Krankheit«) oder auch Selbstmord wird oft vermieden werden können, wenn dem Leidenden in einem neutralen Milieu die Möglichkeit geboten wird, in die unbewußten, oft neurotischen Ursachen der konfliktbildenden Kräfte Einblick zu gewinnen.

Das Sanatorium soll endlich, wie eingangs erwähnt, als Psychoanalytische Klinik in immer fortschreitendem Maße dem Zweck dienstbar gemacht werden, komplizierte und langwierige organische Erkrankungen, bei denen eine psychische Komponente deutlich den Heilvorgang behindert oder aufzuheben droht, von psychotherapeutischer Seite her anzugehen.

Auf Grund gewisser Erfahrungen gelten als Krankheiten, die durch Störungen im Affekthaushalt wesentlich mitbedingt sind: Dysfunktion der Drüsen mit innerer Sekretion, speziell der Schilddrüse, des sympathischen und parasympathischen Nervensystems (Vagotonie, Sympathikotonie); Dysfunktion der Gallentätigkeit (einschließlich der Steinbildung) im besonderen wie der Stoffwechselerkrankungen im allgemeinen.

Es ist beabsichtigt, Behandlungen solcher Organerkrankungen unter der konsultativen Mitarbeit berufener Spezialkollegen bzw. der bisher behandelnden Ärzte durchzuführen.

Die Behandlung
in der Psychoanalytischen Klinik

In der Psychoanalytischen Klinik wird jeder Patient täglich einmal – im Bedarfsfall auch öfter – einer psychoanalytischen Behandlung von etwa einstündiger Dauer unterzogen.

Grundsätzlich werden die als Krankheitsfolge auftretenden symptomatischen Störungen in erster Linie durch die seelische Behandlung selbst auszugleichen versucht, und nur im Notfall wird auf eine unterstützende medikamentöse Therapie zurückgegriffen.

Letzteres dürfte manchmal nur im Anfang notwendig sein, solange die analytische Kur selbst noch keine Wirkungen zeitigen kann.

Als Hilfsmaßnahmen, um allzu heftige Beschwerden zu lindern, werden eher hydrotherapeutische Maßnahmen in Anwendung gebracht. Möglichkeit hierfür bietet die Klinik in ausreichendem Maße durch die entsprechend gehaltenen Badeeinrichtungen auf den Stationen wie durch ein besonderes, mit allen Mitteln moderner Hydrotherapie ausgestattetes eigenes Badehaus. Um dem Zwecke einer individuellen Behandlung vollkommen gerecht zu werden, ist die ärztliche Versorgung so vorgesehen, daß unter der Mitarbeit und verantwortlichen Leitung des Chefarztes im Höchstfalle nur acht Patienten von einem Arzt zu betreuen sind. – Auch wird eine besondere Sorgfalt und Auswahl auf ein speziell ausgebildetes Krankenpflegepersonal verwandt, damit es, in enger Zusammenarbeit mit den Ärzten der Klinik, den besonderen Aufgaben und Anforderungen dieses Sanatoriums gewachsen ist. Aber nicht nur auf Schaffung einer besonderen menschlichen Atmosphäre mußte bei der Neuartigkeit einer solchen Seelenklinik Bedacht genommen werden, auch die Wohnräume, in denen der Kranke lebt, mußten ihrem besonderen Zweck entsprechen.

So sind die gesamten Innenräume nach Entwurf und unter Leitung des Architekten Diplomingenieur E. Freud, Berlin, umgebaut bzw. neu eingerichtet worden. – Eine schlichte Geradlinigkeit in der Architektonik der Möbel verbindet sich im Zusammenwirken ihrer eigenen Farben mit den großen, variabel gehaltenen Farbflächen der Wände, Zimmerdecken und Vorhänge zu einem wohltuenden harmonischen Gesamtbild. Jedes Zimmer ist so auf einen eigenen Farbton abgestimmt und doch eingegliedert in die Stimmung, die sich ergibt aus dem Gelb und Braun des Vestibüls und der Korridore, gemischt mit dem von überall frei hereinflutenden Tageslicht. Bei der Inneneinrichtung ist durch eine besonders unauffällige Haltung der Bettform der Charakter eines Schlafzimmers glücklich vermieden und dafür mehr der Eindruck eines behaglichen Wohn- und Arbeitsraumes geschaffen. Fast alle Zimmer haben dem See oder dem Park zugekehrte geräumige Loggien. Die weitläufige Anlage des ganzen Sanatoriumbaues gestattet dabei, alle Patienten so unterzubringen, daß sie gegebenenfalls einander nicht stören.

Den Bedürfnissen des einzelnen nach Bewegung im Freien, nach kontemplativen Spaziergängen in landschaftlich schöner Umgebung dient der 25 Morgen große Park, der das Sanatorium umgibt.

Auch der benachbarte alte Humboldt-Park und der anschließende Tegeler Forst bietet, sofern es die Kur gestattet, ausgiebige Möglichkeit zu erholenden und anregenden Ausflügen. Der Charakter der Landschaft, der vor 100 Jahren Wilhelm v. Humboldt bewog, hier seine Arbeits- und Heimstätte zu finden, ist in seiner harmonischen Geschlossenheit noch heute unverändert. Die naturstille Friedlichkeit des Sanatoriumgeländes, das mit seinem uralten Baumbestand am Ufer des Tegeler Sees gelegen ist, läßt kaum die unmittelbare Nähe der Großstadt Berlin ahnen.

*Verkehrsmöglichkeiten von und nach
dem Sanatorium Schloß Tegel*

Von drei Verkehrspunkten aus ist das Sanatorium Tegel zu erreichen:

Von der Straßenbahn- und Omnibus-Haltestelle Humboldtmühle in 7 Minuten; von der Straßenbahn-Haltestelle Tegel-Hauptstraße in 10 Minuten; von der Bahnstation Tegel in 15 Minuten.

Die Bahnstation Tegel gehört zur Vorortbahnstrecke Berlin, Stettiner Vorortbahnhof, bis Tegel-Velten, die durch Umsteigen in Gesundbrunnen weiteren Anschluß an den Berliner Stadt- und Ringbahnverkehr hat. Vom Bahnhof Tegel fährt ein Omnibus bis zur Humboldtmühle.

Ebendort fahren die Straßenbahnlinien Nr. 28 (von Tegelort) und Nr. 128 (von Heiligensee) vorbei, die über das Berliner Zentrum nach Neukölln, Hermannstraße, fahren.

An der Haltestelle Tegel-Hauptstraße endet die Straßenbahnlinie Nr. 25, die aus Mariendorf-Tempelhof kommt; ferner die Linie Nr. 27, die nach Britz fährt; die Linie Nr. 41, die bogenförmig längs des Ostrandes von Berlin fährt.

In 20 Minuten fahren sämtliche Straßenhahnlinien von Tegel bis zum Untergrundbahnhof Seestraße und ermöglichen damit einen direkten Umsteige- und Anschlußverkehr an das Netz der Berliner Nord-, Süd- und Hoch- und Untergrundbahn.

Ein eigenes Auto steht nach vorheriger Anmeldung zur Verfügung.

Kurkosten der Psychoanalytischen Klinik

Der Pensionspreis beträgt je nach Lage der Zimmer 10.– RM bis 25.– RM pro Tag. Hierin ist einbegriffen: volle Verpflegung, Heizung, Beleuchtung, Bäder, Bett- und Badewäsche. Ausgenommen sind: Medikamente und medizinische Bäder, Getränke und Extrabestellungen.

Die Höhe des ärztlichen Honorars für die psychoanalytische Behandlung wird je nach Schwere der Erkrankung und dem erforderlichen täglichen Zeitaufwand vom Chefarzt nach einer Voruntersuchung festgesetzt. Die wirtschaftlichen Verhältnisse der Kranken werden nach Möglichkeit berücksichtigt. Die Zahlung erfolgt zu einem Wochenpauschalsatz, die erste Konsultation wird besonders berechnet.

Arnold Zweig über seine erste Begegnung
mit Freud in Berlin-Tegel

Tegel 1929

Erst zwei Jahrzehnte später, im Vorfrühling 1929, Mitte
März, folgten wir einer Einladung und fuhren nach Tegel
zur ersten persönlichen Begegnung mit Freud. Ein befreundeter junger Architekt, dessen Bekanntschaft uns
Lion Feuchtwanger vermittelt hatte und mit dem wir uns
immer wärmer anfreundeten, machte sich ein Vergnügen
daraus, uns in seinem Wagen hinzubringen. Eine gewisse
Beklommenheit war nicht zu leugnen, es wäre auch när-
risch gewesen, sie zu verdrängen. Ich hatte in den Jahren
zwischen dem Entschluß, ihm »Caliban« zu widmen, und
dem heutigen Tage immer wieder Arbeiten von ihm gelesen, wie sie allmählich jedes Gebildeten Vorstellungen
beeinflußten und dazu beitrugen, das Bild dieses Mannes eindringlicher zu gestalten. Andererseits hatten die
Briefe, die ich von ihm bekam, so viel persönliche und ge-
wichtige Wärme, sie waren ein so überzeugender Ausdruck von Schätzung und Sympathie, daß viel darauf an-
kam, die ersten Eindrücke persönlicher Bekanntschaft
unverzerrt durch Aufregung oder übertriebene Selbst-
beherrschung ablaufen zu lassen. Noch als ich nur der
Autor der »Novellen um Claudia« war, hatte er in der
Antwort auf meinen ersten Brief mit jenen Sätzen geschlossen, die schon zu Beginn dieses Buches angeführt
wurden. Auf der gleichen Seite berichtete ich, warum ich
jener Einladung nicht folgen konnte und auch, daß ich
sie kaum richtig zu würdigen wußte. Und es ging ja
schließlich auch so, und nun war es so weit.

Die Fahrt nach Tegel im Vorfrühling gehört zu den reizendsten Ausflügen in Berlins Umgebung. Von Westend über Spandau führt sie durch Kiefernwald, der sich freundlich und locker hindehnt, und dann am Wasser entlang, blaßblauen Fluten, die immer noch Havel heißen, wenn man längst glaubt, sie heißen schon Tegeler See. In meiner Erinnerung tauchen mit Kätzchen prangende Weiden und Erlen auf, junges Blattwerk, noch winzig klein, und eine Fülle wintergrünen Unterholzes, das den Weg begleitet. Es muß ein warmer März gewesen sein – meine Frau erinnert sich noch heute ihres besonders reizvollen Kleides aus bunter Seide, vielfarbig zusammengesetzt, und eines rosafarbenen Hutes aus Roßhaar, was ihr, der schlanken, jungen eine überaus erfreuliche Anmut verlieh. Auch sie erinnert sich noch, daß uns Freud und seine Tochter Anna bis zum Eingang des Parks entgegenkamen, ja, daß unsere ganze Begegnung im Freien verlief oder in einem glasgedeckten Pavillon.

Ein mittelgroßer Herr, das weiße Haar über die Ohren zurückgestrichen und über der Stirn gelichtet, den weißen Vollbart kurz gehalten, stand da und musterte uns, ein immer herzlicheres Lächeln um Augen und Mund. Die Hand, die er uns gab, war so schmal und feinknochig, seine ersten Worte über den langen Weg, den er uns gezwungen habe zurückzulegen, so natürlich, freundlich, daß wir sofort das Gefühl hatten, einem außerordentlichen Menschen gegenüberzustehen, der aber zugleich aufs Schlichteste und Unbefangenste unser Wirt war, unseresgleichen. Erinnerte ich mich der forschen oder befangenen Art, auf welche andere Geistige, in der deutschen Gesellschaft führende Personen, sich bei ersten Begegnungen verhielten, so konnte man nur aufatmen. Es dauerte kaum eine Viertelstunde, daß wir vergessen hatten, uns noch eben fremd gewesen zu sein. Auch seine

Tochter Anna, ›meine Antigone‹, in ihrer natürlichen, ungezierten Herzlichkeit, fühlte und gab uns zu fühlen, wie harmonisch sich dies Zusammensein anließ. Wir wußten, daß wir nicht lange würden bleiben dürfen. Freud war zur Erholung, einer Art Rekonvaleszenz nach Tegel gekommen; sie hing möglicherweise mit jener Operation zusammen, jenem Kampf gegen den Cancer in seinem Munde, über den allerlei gemunkelt wurde. Die tiefe Verdrossenheit, die ihn damals erfüllte, legte jedenfalls Zeugnis von einem Lebensgefühl ab, das sich auch schon in Briefen geäußert hatte, zum Glück aber die folgenden Jahre nicht überdauerte. Wir sprachen über die Analyse, die allein mich in den Stand gesetzt habe, wieder so mit Volldampf zu arbeiten wie früher – abgesehen von allerlei anderen wohltätigen Wirkungen – die aber vor allem meine produktiven Kräfte freilegte, wie sie nur in den besten Zeiten vor dem Kriege in die Arbeit einmünden wollten. »Der Sergeant Grischa«, der ihm so gut gefallen habe, komme durchaus nicht allein aufs Konto meiner Kriegsjahre und ihrer Erlebnisse und meiner dichterischen Begabung. Ohne die Freilegung dieser Begabung mit Hilfe der Analyse, ohne die Beseitigung der neurotischen Gespinste, welche diese Begabung hatten erdrosseln wollen, wäre er bestimmt nicht so frei, locker und formgerecht in die Welt getreten, wie er es tatsächlich war, in fünfundsechzig Diktaten, Vormittag für Vormittag, unterbrochen lediglich von einer Pause während der drei Wochen, in denen wir, die so lange Wohnungslosen, in unser Siedlungshaus in Eichkamp einzogen und uns einrichteten. Jenes Vierteljahr, in welchem, allerdings nach neun Jahren der Vorbereitung, »Grischa« geboren wurde, gehörte zu den glücklichsten meiner Werdezeit; ohne sein, Freuds Lebenswerk, wäre es nicht zustande gekommen. Er freute sich, daß ich von der Analyse so überzeugt sei. Er fürchtete damals, von ihr könne sich möglicherweise nichts durchsetzen oder erhalten als ›diese öde Adlerei‹. Und damit sei weder der Menschheit gedient noch dem Nachruhm seiner Person, wenn ich davon schon sprechen wolle. Ich lachte und versicherte ihm, die sozialdemokratische Verwässerung durch den Abweg Dr. Alfred Adlers, eines seiner gewichtigsten Schüler, werde sich halten als flache Abspaltung von der Analyse, nicht aber umgekehrt, die Analyse als schmaler Kern einer breiten Adlerei. Und da lächelte auch er. Da ich ein Menschenalter jünger sei als er, würde ich ja Gelegenheit haben, festzustellen, ob meine Prophezeiung eintreffe oder nicht, vorausgesetzt, daß nicht die Zeiten wiederkehrten, in denen die Alten die Jungen begruben. Nun, das glaubten wir beide nicht angesichts der schweren Lasten, die der verlorene Weltkrieg auf Europa wälzte. Daß der eigentliche Sieger Amerika hieß, konnte niemand bezweifeln, der sich auf die Mode, die Tänze, die Baukunst, den Film und die Literatur verstand. Und dann sprachen wir über jenen jungen Kontinent und die enthusiastische Aufnahme, die die Analyse dort gefunden hatte. Verglich man die vorurteilslose Bereitschaft zur Anerkennung ihrer außerordentlichen Bedeutung mit der bornierten Gehässigkeit, deren Zeuge ich in meinen Universitätsjahren gewesen, und die sich ja erst jüngst wieder auf einem deutschen Professorentag ausgetobt haben sollte, so konnte man sich nur freuen. Vielleicht würden selbst die deutschen Professoren einmal lernen, daß Antisemitismus seinen eigenen Herrn schlage, und daß Sieger im Lebenskampf bleibe, wer im Aufbau seiner Kultur, d. h. auch seiner Technik, die denkbar breiteste Vorurteilslosigkeit walten lasse, echte Demokratie. Es mochte sein, die Analyse werde sich in Amerika verändern – Freud nickte, das tue sie schon –

aber das sei nicht zu verwundern und auch kein Unglück. Denn erstens nehme unter den völlig andersartigen Bedingungen von Klima und Menschenschlag jedes dorthin verpflanzte Gebilde seinen eigenen Lauf; außerdem aber werde die echte Freud'sche Psychoanalyse in Europa erhalten und tradiert werden, so daß man jederzeit das Falsche am Echten erkennen und ausschalten konnte.

Meine Erinnerung an jenen schönen Tag, zu gleicher Zeit scharf und beglückend, enthält leider auch Verschwommenheiten, die jeder Mensch in unserer Lage kennt. Wer in reiferen Jahren seine Heimat verlassen und eine Fülle von neuen Fakten im Gedächtnis festhalten muß, bezahlt dafür mit der Genauigkeit, deren er sonst wichtigen Tatsachen gegenüber sicher war. So entglitten im Laufe der Jahre allerlei Einzelheiten in die Vergessenheit: ob wir am Vor- oder am Nachmittag zu Freud hinausfuhren, ob der schöne Park, der dieses Sanatorium umgab und dessen hohe Baumgruppen und frühlingsgrüne Sträucher ich vor mir sehe, die sorglich gepflegten Wege, vielleicht auch Hermen oder Statuen zwischen ihnen – ob dieser Park dem alten Schloß Tegel angehörte oder jenem anderen Heideschlößchen am Nordrand des Sees, und ob diese Stätte schon mit den Humboldts verknüpft war, die Heines Vers unsterblich mit dieser Gegend, diesem Ortsnamen verlötete. Ich sehe noch Freud neben mir gehen, er war damals schon der schlanke Greis, dessen Gestalt bereits von der Vergeistigung des Alters zeugte und die nichts mehr von dem gewichtigen Kämpfer an sich hatte, welchen er zwischen Dreißig und Fünfzig, zur Zeit des »Kleinen Hans«, dargestellt haben mochte. Alles an ihm bewies jetzt Besonnenheit, Sorgfalt, und jene hohe Natürlichkeit, die ihm so wohl anstand. Den gleichen Charme, ins Weibliche abgewandelt, verkörperte seine Tochter Anna. Ihre sprechenden Augen, die besonders wohllautende Stimme, ihre an die österreichische Landschaft gemahnende Art des sich Gebens, milderte viel von der Strenge, mit der ihr Vater damals in die Welt sah.

So war sie es wohl, die, aus dem Gespräch mit meiner Frau sich zu uns wendend, mein herbes Urteil über die deutschen Professoren milderte. Man dürfe sie nicht so in Bausch und Bogen verwerfen, wie Schopenhauer oder Goethe es getan. Vor ein paar Tagen habe der Kultusminister, Professor Becker, mit einigen seiner Herren den Vater besucht, sei über eine Stunde geblieben, was keineswegs vorausgesehen war, und solle dann erklärt haben, diese Stunde habe zu den eindrucksvollsten seines ganzen Lebens gehört. Ich fand, das passe zu Carl Heinrich Becker und mache ihm Ehre – ich kannte ihn von Begegnungen innerhalb der literarischen Welt, auch wenn ich nicht den Vorzug genoß, jener von ihm gegründeten Literarischen Abteilung der Preußischen Akademie der Künste der Dichterakademie als Mitglied anzugehören. Becker sei aber als Orientalist und Dozent für semitische Sprachen kein Vertreter jenes Faches, das von ihrem Vater ins Mark getroffen wurde. Als Freud die Psychologie revolutionierte, die sich bisher für die einzige Erkenntnisquelle in Sachen des nervischen und des Seelenlebens präsentierte, schuf er sich eben, wie jeder Revolutionär, ein Geschlecht von Feinden. Professor Becker sei übrigens der weiße Rabe unter all den Herren, die bislang das Ministerium für Kultus und Unterricht verwaltet hatten. An einem Mann wie ihm könne man abmessen, daß trotz allem die Republik im Reichstag noch von einer demokratischen Mehrheit getragen wurde, die auf ihre bedächtige Art die deutsche Kultur billigte und stützte, wie Freud sie kannte und bereicherte. Hier im Tegeler See befinde sich auf der Insel Scharfen-

berg ein ganz modernes Schulheim; da Fräulein Anna
sich für Schulangelegenheiten besonders interessiere,
wäre es vielleicht lohnend, wenn sie sich einmal hinüber-
rudern ließe. Sie sei von Beruf Volksschullehrerin, lächelte Freuds Tochter, und habe wenig Berührung mit
dem, was man im Reich auf diesem Gebiete leiste; denn
die Stadt Wien sei da wahrscheinlich weit voraus. Hier in
Tegel habe der Vater sie nötig, und so werde die vorgeschlagene Ruderpartie wohl unterbleiben. Nicht zum ersten Mal während dieser halben Stunde spürte ich, wie
warm und gegenseitig die Beziehung zwischen Vater und
Tochter jeden Augenblick mitschwang; sie bildete gleichsam einen goldbraunen Hintergrund, von dem diese seltenen Personen sich abhoben wie auf Rembrandt'schen
Bildern, der alte Mann, der sich so tief mit dem König
Oedipus verknüpft hatte, und das junge beseelte Frauen-
wesen, das er vorhin seine Antigone genannt. Ja, damit
reihte er sie wirklich in die Skala der Weiblichkeit ein, der
sie angehörte – eine moderne Schwester jener geistigen
Frauen, die sich an den Vorbildern großer dichterischer
Gestalten schulten und bildeten.

Und dann erschien ein Herr mit rötlichem Spitzbart
und stellte sich vor, Doktor Simmel, nicht Georg, sondern Ernst, und erinnerte den Professor daran, daß er zur
Erholung hier sei und sich hinlegen müsse; einen Wagen
für uns werde er telefonisch herbeirufen. »Sie sehen«,
sagte Freud abschiednehmend, »wie ich mit mir umgehen
muß. Kommen Sie bald nach Wien. Lassen Sie uns das
Gespräch dort fortsetzen mit nicht zu langer Pause.«

Hätte ich damals schon gewußt, was hinter ihm lag, so
wäre ich wahrscheinlich dem Impuls gefolgt, diese nächste Begegnung schon für diesen Sommer oder Winter an-
zusetzen. So vorherrschend aber war der Eindruck von
Festigkeit und gelassener Stärke, der von ihm ausging,

daß ich beim Abschied die Überzeugung mitnahm, wir würden ihn noch lange unter uns haben.

Im Wagen saßen wir und schwiegen. Das republikanische Berlin hatte keine kleine Anzahl bedeutender Menschen an sich gezogen – Schriftsteller, Gelehrte, Baumeister, Ärzte, Männer und Frauen vom Theater. Viele davon kannten wir, mit mehreren waren wir gesellschaftlich verbunden, mit einigen benachbart und befreundet. Von allen aber unterschied sich dieser Sigmund Freud durch irgend etwas – der Eindruck war noch zu frisch und viel zu kostbar, zu einmalig, um ihn zu zergliedern. Genau das empfand auch meine Frau. Welch ein Mann! Damit faßten wir schließlich unser Gefühl in drei Worte ...

Als Folge dieser Begegnung strömte Schwung und Wärme in den Aufsatz »Freud und der Mensch«, den die von Freud-Schülern in Wien herausgebrachte Zeitschrift »Die psychoanalytische Bewegung« von mir erbeten hatte.

Aus: Arnold Zweig, Freundschaft mit Freud. Ein Bericht. © Aufbau-Verlag, Berlin 1996, S. 62–68

Literaturverzeichnis

Baginsky, Benno. 1884. [Rezension] Ferrier, David: Halbseitige Durchschneidung des Rückenmarks Brain. 1884. April. Neurologisches Zentralblatt, 3: 228.

Baginsky, Benno. 1889. Notiz zur Färbung von Gehirnschnitten. Neurologisches Zentralblatt, 8: 668.

Bertin, Celia. 1989. Die letzte Bonaparte. Freuds Prinzessin. Ein Leben. Freiburg: Köre.

Biswas, Santanu. 2003. Rabindranath Tagore and Freudian thought. International Journal of Psycho-Analysis, 84: 717–732.

Blankenstein, Felix. 2005. Zur Geschichte der Prothetik am Zahnärztlichen Universitätsinstitut Berlin. http://www.charite.de/prothetik/Homepages42/standort_002.htm.

Bloch, Iwan. 1914. Albert Eulenburg. Zu seinem 50jährigen Docentenjubiläum am 11. November 1914. Medizinische Klinik, 10: 1677 f.

Clark, Ronald. 1981. Sigmund Freud. Leben und Werk. Frankfurt am Main: S. Fischer.

Doege, Hans-Peter. 1999. Hier gab S. M. seine Herrenabende: Wechselvolle Geschichte des Hotels »Esplanade«. Berlinische Monatsschrift, 3: 23–28.

Eitingon, Max. 1922. Bericht über die Berliner Psychoanalytische Poliklinik. IZP, 8: 506–520.

Etkind, Alexander. 1997. Eros of the Impossible. The History of Psychoanalysis in Russia. Boulder, Co: Westview Press.

Fließ, Wilhelm. 1893. Die nasale Reflexneurose. In: Verhandlungen des Kongresses für innere Medizin. 12. Kongreß, S. 384–394. Wiesbaden: Bergmann.

Freud-Bernays, Anna. 2004. Eine Wienerin in New York. Die Schwester Sigmund Freuds erinnert sich. Hrsg. von Christfried Tögel. Berlin: Aufbau-Verlag.

Freud-Marlé, Lilly. 2006. Mein Onkel Sigmund Freud. Erinnerungen an eine große Familie. Hrsg. von Christfried Tögel. Berlin: Aufbau-Verlag.

Freud, Clement. 2001. Freud Ego. London: BBC Consumer Publishing.

Freud, Sigmund. 1884b. Eine neue Methode zum Studium des Faserverlaufs im Centralnervensystem. Zentralblatt für medizinische Wissenschaften, 22: 161–163.

Freud, Sigmund. 1885c. Ein Fall von Muskelatrophie mit ausgebreiteten Sensibilitätsstörungen (Syringomyelie). Wiener Medizinische Wochenschrift, 35: Sp. 389–392, 425–429.

Freud, Sigmund. 1893f. Charcot. Wiener Medizinische Wochenschrift, Bd. 43, Sp. 1513–1520. GW, 1, 21–35.

Freud, Sigmund. 1923g. [Vorwort zu] Eitingon, Max: Bericht über die Berliner psychoanalytische Poliklinik (März 1920 bis Juni 1922). Leipzig / Wien / Zürich. GW 13, S. 441.

Freud, Sigmund. 1935d. Ergänzungen zur »Selbstdarstellung«. GW Nachtragsband, S. 762–764.

Freud, Sigmund. 1937d. Konstruktionen in der Analyse. Internationale Zeitschrift für Psychoanalyse, 23: 459–469. GW 16, S. 43–56.

Freud, Sigmund. 1950c. Entwurf einer Psychologie. GW, Nachtragsband, S. 375–486.

Freud, Sigmund. 1960a. Briefe 1873–1939. Frankfurt am Main: S. Fischer.

Freud, Sigmund. 1960e. Reisestipendiums-Gesuch. In: Gicklhorn, Josef; Gicklhorn, Renée, Sigmund Freuds akademische Laufbahn im Lichte der Dokumente. Wien / Innsbruck: Urban & Schwarzenberg 1960. GW Nachtragsband, S. 48 f.

Freud, Sigmund. 1965a. Sigmund Freud / Karl Abraham. Briefe 1907–1926. Hrsg. von Hilda C. Abraham und Ernst L. Freud. Frankfurt am Main: S. Fischer.

Freud, Sigmund. 1968a. Sigmund Freud / Arnold Zweig. Briefwechsel. Hrsg. von Ernst L. Freud. Frankfurt am Main: S. Fischer.

Freud, Sigmund. 1980d. Brief an Paul Federn (28. 10. 1929). J. A. Stargardt (Marburg), Katalog 620 (1980), Nr. 436.

Freud, Sigmund. 1985c. Briefe an Wilhelm Fließ 1887–1904. Hrsg. von Jeffrey Masson. Bearbeitung der deutschen Fassung von Michael Schröter. Frankfurt am Main: S. Fischer.

Freud, Sigmund. 1985s. Brief an Reinhold von Heinz. In: Karen Brecht, Volker Friedrich, Ludger Hermanns, Isidor Kaminer & Dierk Juelich (Eds.), »Hier geht das Leben auf eine sehr merkwürdige Weise weiter«. Zur Geschichte der Psychoanalyse in Deutschland. Hamburg: Michael Kellner.

Freud, Sigmund. 1987b. Drei Briefe an Georg Hermann. GW Nachtragsband, S. 673–678.

Freud, Sigmund. 1989a. Sigmund Freud, Jugendbriefe an Eduard Silberstein, 1871–1881. Frankfurt: S. Fischer.

Freud, Sigmund. 1992a. Sigmund Freud / Ludwig Binswanger. Briefwechsel 1908–1938. Hrsg. von Gerhard Fichtner. Frankfurt am Main: S. Fischer.

Freud, Sigmund. 1992g. Sigmund Freud – Sándor Ferenczi. Briefwechsel, 1908–1933. 4 Bände, Hrsg. von Eva Brabant, Ernst Falzeder, Patrizia Giampieri-Deutsch, unter wiss. Leitung von André Haynal. Transkription von I. Meyer-Palmedo. Wien / Köln / Weimar: Böhlau.

Freud, Sigmund. 1995g. Zehn Briefe an Fritz Wittels. In: Edward Timms (Ed.), Freud and the Child Woman. The Memoirs of Fritz Wittels, S. 174–182. New Haven & London: Yale University Press.

Freud, Sigmund. 1996. Tagebuch 1929–1939. Kürzeste Chronik. Hrsg. und eingeleitet von Michael Molnar. Übersetzt von Christfried Tögel. Frankfurt am Main: Stroemfeld.

Freud, Sigmund. 2002. Complete Correspondence of Sigmund Freud and Karl Abraham (1907–1925). Ed. by Ernst Falzeder. London: Karnac Books.

Freud, Sigmund. 2004. Sigmund Freud / Max Eitingon. Briefwechsel 1906–1939. 2 Bände. Hrsg. von Michael Schröter. Tübingen: edition diskord.

Freud, Sigmund & Breuer, Josef. 1895d. Studien über Hysterie. Wien: Deuticke. GW 1, S. 75–312.

Freud, Sigmund & Darkschewitsch, Liweri. 1886b. Über die Beziehung des Strickkörpers zum Hinterstrang und Hinterstrangskern, nebst Bemerkungen über zwei Felder der Oblongata. Neurologisches Zentralblatt, 5: 121–129.

Gach, John. 2004. John Gach Books. Letters & Inscribed Copies. http://www.gach.com/.

Gödde, Günter. 2003. Mathilde Freud. Die älteste Tochter Sigmund Freuds in Briefen und Selbstzeugnissen. Gießen: Psychosozial-Verlag (im Aufbau Taschenbuch Verlag, Berlin 2005).

Grauel, Ludwig. 2004. 80 Jahre Kinderheilkunde in der Berliner Charité. www.liga-kind.de/pages/401grauel.htm.

Jones, Ernest. 1960–1962. Das Leben und Werk von Sigmund Freud. 3 Bände. Bern und Stuttgart: Hans Huber.

Knoepfmacher, Hugo. 1979. Zwei Beiträge zur Biographie Sigmund Freuds. Jahrbuch der Psychoanalyse, 11: 51–72.

Murken, Barbara. 1981. Tom Seidmann-Freud. Leben und Werk. Die Schiefertafel, 4(3): 163–201.

Romm, Sharon. 1983. The Unwelcome Intruder. Freud's Struggle with Cancer. New York: Praeger.

Rothe, Daria & Weber, Inge (Hg.). 2001. »als käm ich heim zu Vater und Schwester«. Lou Andreas-Salomé – Anna Freud. Briefwechsel 1919–1937. 2 Bände. Göttingen: Wallstein Verlag.

Sachs, Hanns. 1982. Freud. Meister und Freund. Frankfurt/Berlin/Wien: Ullstein.

Schröter, Michael. 1988. Freud und Fließ im wissenschaftlichen Gespräch. Das Neurasthenieprojekt von 1893. Jahrbuch für Psychoanalyse, 22: 141–183.

Schröter, Michael. 1997. Max Eitingon, ein Geheimagent Stalins? Erneuter Protest gegen eine zählebige Legende. Psyche, 51: 457–470.

Schröter, Michael. 2002. Fließ vs. Weininger, Swoboda und Freud: Der Plagiatsstreit von 1906 im Licht der Dokumente. Psyche, 56(4): 338–368.

Schütt, Rüdiger. 2001. Dichter gibt es nur im Himmel. Leben und Werk von Hans Leip – Biographie und Briefedition 1893–1948. Hamburg: Dölling und Galitz.

Simmel, Ernst. 1927. Rundschreiben des Leiters der Anstalt. Internationale Zeitschrift für ärztliche Psychoanalyse, 13: 245–346.

Simmel, Ernst. 1940. Sigmund Freud. The man and his work. The Psychoanalytic Quarterly, 9: 163–176.

Tögel, Christfried. 1989. Lenin und die Rezeption der Psychoanalyse in der Sowjetunion der Zwanziger Jahre. Sigmund Freud House Bulletin, 13: 16–27.

Tögel, Christfried. 1999. Jenö Varga, Psychoanalyse, Räterepublik und Stalinismus. Werkblatt. Zeitschrift für Psychoanalyse und Gesellschaftskritik, 43(1): 96–113.

Tögel, Christfried. 2001. Sigmund Freud: Stationen eines Lebens. Katalog zur Ausstellung. Uchtspringe: Sigmund-Freud-Zentrum.

Tögel, Christfried & Schröter, Michael. 2002. Sigmund Freud und Hermann Swoboda: Ihr Briefwechsel (1901–1906). Psyche, 56(4): 313–337.

Wittenberger, Gerhard & Tögel, Christfried (Hg.). 1999. Die Rundbriefe des »Geheimen Komitees«. Band 1: 1913–1920. Tübingen: edition diskord.

Worbs, Michael. 1983. Nervenkunst. Literatur und Psychoanalyse im Wien der Jahrhundertwende. Frankfurt am Main: Europäische Verlagsanstalt.

Zweig, Arnold. 1912. Die Novellen um Claudia. Leipzig: Kurt Wolff Verlag.

Zweig, Arnold. 1927. Caliban oder Politik und Leidenschaft. Potsdam: Gustav Kiepenheuer Verlag.

Zweig, Arnold. 1996. Freundschaft mit Freud. Berlin: Aufbau-Verlag.

Anmerkungen

1 Freud (1989a), S. 98.
2 Der Hamburger Bahnhof wurde am 15. Oktober 1884 geschlossen. Danach diente er zunächst als Büro- und Wohngebäude für Eisenbahner. Ab 1906 beherbergte er das Verkehrs- und Baumuseum, seit 1917 auch eine Wasserbausammlung. Nach einem Umbau wird er seit 1996 als »Museum für Gegenwart« genutzt.
3 Nachdem der Dresdener Bahnhof in der Luckenwalder Straße in Kreuzberg 1883 geschlossen worden war, fuhren die Züge nach Dresden vom Anhalter Bahnhof in der Nähe des Potsdamer Platzes ab.
4 Sigmund Freud – Martha Bernays, 1. 10. 1884; Sigmund Freud Papers, Library of Congress.
5 Heute Platz der Republik vor dem Reichstag. Im Zusammenhang mit Hitlers und Speers Plänen zur Umgestaltung Berlins zur »Welthauptstadt Germania« wurde die Siegessäule 1938 vom Königsplatz zum Großen Stern verlegt, damit sie der geplanten Nord-Süd-Achse nicht im Wege stand. Den Reichstag gab es im September 1884 noch nicht, allerdings war der Grundstein wenige Monate zuvor durch Kaiser Wilhelm I. gelegt worden.
6 Freud-Bernays (2004), S. 215 f., Knoepfmacher (1979), S. 52.
7 Freud-Bernays (2004), S. 217.
8 Ehemalige Salpetersiederei in Paris, die später in ein Lazarett umgewandelt wurde und Mitte der 1830er Jahre als Hospital und Versorgungsanstalt vorwiegend für alte Frauen diente. Der Komplex bestand aus über 40 Gebäuden und verfügte über ca. 4000 Betten für unbemittelte Frauen und 1400 Betten für »Geisteskranke« und »Idioten«.
9 Freud (1960e), S. 77.
10 Freud (1960a), S. 189.
11 Freud (1893f) S. 21.

12 Ebenda, S. 35.

13 »Das wird nicht lustig werden, in Berlin, gar nicht lustig«; vgl. Freud-Marlé (2006).

14 Die Monatsmitteltemperatur lag im März 1886 bei 0,2 Grad und damit erheblich unter der Normaltemperatur im März. http://www.wetterzentrale.de/klima/tberlintem.html.

15 Sigmund Freud – Martha Bernays, 25. 3. 1886; Sigmund Freud Papers, Library of Congress.

16 Sigmund Freud – Martha Bernays, 8. 3. 1886; Sigmund Freud Papers, Library of Congress.

17 Freud (1885c). Syringomyelie ist eine angeborene Rückenmarkserkrankung, die zu Muskelschwund an den Extremitäten und im Schulterbereich führt. Außerdem kommt es zum Verlust von Schmerz- und Temperaturempfindung und zu Lähmungen und Skelettveränderungen.

18 Freud & Darkschewitsch (1886b).

19 Benno Baginsky (1848–1919), »Augen-Nasen-Ohren-Halsarzt« in Berlin; er interessierte sich auch für Gehirnanatomie und hat gelegentlich dazu publiziert; vgl. Baginsky (1884, 1889).

20 Sigmund Freud – Martha Bernays, 13. 3. 1886; Sigmund Freud Papers, Library of Congress.

21 Alois Monti (1839–1909), italienisch-österreichischer Kinderarzt, wirkte auf dem Gebiet der Kinderheilkunde bahnbrechend und war seit 1871 Abteilungsvorstand der Wiener Allgemeinen Poliklinik.

22 Sigmund Freud – Martha Bernays, 8.–9. 3. 1886; Sigmund Freud Papers, Library of Congress.

23 Adolf Baginsky – Sigmund Freud, 2. 9. 1886; Sigmund Freud Papers, Library of Congress.

24 Vgl. Grauel (2004).

25 Sigmund Freud – Martha Bernays, 31. 3. 1886; Sigmund Freud Papers, Library of Congress.

26 Albert Eulenburg (1840–1917), Nervenarzt. Baute in Berlin eine private Poliklinik für innere Krankheiten auf, nahm aber 1873 einen Ruf nach Greifswald auf den Lehrstuhl für Pharmakologie an. 1882 kehrte er als Extraordinarius für Nervenheilkunde nach Berlin zurück und gehörte später zu den Herausgebern der »Zeitschrift für Sexualwissenschaft«; Bloch (1914).

27 Heinrich Obersteiner (1847–1922), österreichischer Nervenarzt, seit 1873 Direktor der »Irrenanstalt« Oberdöbling bei

Wien, an der Freud im Juni 1885 für drei Wochen Dienst getan hatte; vgl. Freud (1960a), S. 153.

28 Sigmund Freud – Martha Bernays, 5. 3. 1886; Sigmund Freud Papers, Library of Congress.

29 Hermann Oppenheim (1858–1919), Neurologe, arbeitete von 1883 bis 1891 an der Charité als Assistent von Carl Westphal. 1893 wurde er a. o. Professor. Berühmt wurde sein »Lehrbuch der Nervenkrankheiten für Ärzte und Studierende«, das sieben Auflage erlebte und in viele Sprachen übersetzt wurde. Mit seinen diagnostischen und therapeutischen Arbeiten bereitete er den Weg zur operativen Tumorentfernung.

30 Robert Thomsen (1858–1914).

31 Sigmund Freud – Martha Bernays, 18. 3. 1886; Sigmund Freud Papers, Library of Congress.

32 Hermann Munk (1839–1912), Physiologe und Veterinärmediziner, seit 1876 Professor für Physiologie an der Tierärztlichen Hochschule und später an der Berliner Universität. Besonders bekannt wurde er durch seine Arbeiten zur Funktion der Großhirnrinde.

33 Freud (1884b).

34 Nathan Zuntz (1847–1920), Sohn eines jüdischen Kaufmanns, beendete mit 21 Jahren sein Medizinstudium summa cum laude. 1881 übernahm er die Professur für Tierphysiologie an der Landwirtschaftlichen Hochschule in Berlin. Er untersuchte, wie Menschen und Tiere auf extreme Belastungen durch große Hitze, Kälte oder Höhenluft reagieren. Zuntz gilt als Begründer der Luftfahrtmedizin.

35 Sigmund Freud – Martha Bernays, 25. 3. 1886; Sigmund Freud Papers, Library of Congress.

36 Das heutige Alte Museum, zwischen 1825 und 1830 von Karl Friedrich Schinkel erbaut.

37 Sigmund Freud – Martha Bernays, 10. 3. 1886; Sigmund Freud Papers, Library of Congress.

38 Vermutlich handelte es sich um den Hoffriseur R. Thomas, Unter den Linden 31.

39 Ich bedanke mich herzlich bei Regine Lockot, die mir das Programm dieses Abends zur Verfügung stellte.

40 Sigmund Freud – Martha Bernays, 21. 3. 1886; Sigmund Freud Papers, Library of Congress.

41 Sigmund Freud – Martha Bernays, 23. 3. 1886; Sigmund Freud Papers, Library of Congress.

42 Ebenda.

43 Ich danke Herrn Dr. Lothar Schirmer, Leiter der Theatersammlung des Stadtmuseums Berlin, für freundliche Hilfe und Unterstützung.

44 Gödde (2003), S. 371.

45 Mathilde Hollitscher – Sigmund Freud, 22. 9. 1910; Sigmund Freud Papers, Library of Congress.

46 Sigmund Freud – Martha Bernays, 2. 11. 1896; Sigmund Freud Papers, Library of Congress.

47 Freud (1985c).

48 Schröter (2002), Tögel & Schröter (2002).

49 Die Straße war 1861 neu angelegt worden. Nur die Villa des preußischen Handelsministers August Freiherr von der Heydt überstand die Abrißpläne Albert Speers und den Zweiten Weltkrieg.

50 Sigmund Freud – Martha Freud, 3. 4. 1893; Sigmund Freud Papers, Library of Congress.

51 Ebenda.

52 Ebenda.

53 Schröter (1988).

54 Freud (1985c), S. 27.

55 Freud (1985c), S. 27.

56 Freud (1985c), S. 32.

57 Fließ (1893).

58 Freud (1985c), S. 33.

59 Freud (1985c), S. 36.

60 Jones (1960–1962), Bd. 1, S. 361.

61 Sigmund Freud – Martha Freud, 7. 9. 1895; Sigmund Freud Papers, Library of Congress.

62 Existiert heute nicht mehr.

63 Sigmund Freud – Martha Freud, 8. 9. 1895; Sigmund Freud Papers, Library of Congress.

64 Sigmund Freud – Martha Freud, 9. 9. 1895; Sigmund Freud Papers, Library of Congress.

65 Sigmund Freud – Martha Freud, 10. 9. 1895; Sigmund Freud Papers, Library of Congress.

66 Freud (1950c), S. 387.

67 Freud (1985c), S. 285–287.

68 Freud (1985c), S. 283 f.

69 Freud (1985c), S. 284.

70 Freud (1985c), S. 287.

71 Vgl. Schröter (1988), S. 178.

72 Emanuel (1833–1914) und Philipp (1834–1911) aus der ersten Ehe seines Vaters, Julius (1857–1858), Anna (1858–1955), Rosa (1860–1942), Maria (1861–1942), Adolfine (1862–1942), Paula (1864–1942) und Alexander (1866–1943).

73 Mathilde (1887–1978), Jean Martin (1889–1967), Oliver (1891–1969), Ernst (1892–1970), Sophie (1893–1920) und Anna (1895–1982).

74 Freud-Marlé (2006).

75 Freud-Bernays (2004), S. 20 f.

76 Freud (1985c), S. 340.

77 Martha Bernays – Sigmund Freud, 24. 3. 1885; Sigmund Freud Papers, Library of Congress.

78 Martha Bernays – Sigmund Freud, 21. 4. 1885; Sigmund Freud Papers, Library of Congress.

79 Freud-Bernays (2004), S. 46.

80 Freud (2002), S. 281, 287.

81 Freud (1960a), S. 390.

82 Biswas (2003), S. 718 f.

83 Schütt (2001), S. 443.

84 Hans Lampl (1889–1958), Arzt und Schulfreund von Freuds ältestem Sohn Martin war auch mit den anderen Freud-Kindern befreundet und lebte seit 1921 in Berlin.

85 In der Schillerstraße 12, nicht weit vom heutigen Ernst-Reuter-Platz.

86 Sigmund Freud – Martha Freud, 21. 10. 1929; Sigmund Freud Papers, Library of Congress.

87 Murken (1981).

88 Freud (1965a), S. 62.

89 Freud (2001).

90 Zwei Töchter von Maria Freud, Lilly und Margarethe, verließen allerdings schon kurz nach ihrer Heirat Berlin.

91 Sigmund Freud – Martha Freud, 31. 8. 1928, 1. 9. 1928, 3. 9. 1928; Sigmund Freud Papers, Library of Congress.

92 Sigmund Freud – Martha Freud, 25. 9. 1929, 28. 9. 1929; Sigmund Freud Papers, Library of Congress.

93 Der Sohn Joachim Karschs hat Barbara Murken mitgeteilt, daß sein Vater eine solche Büste angefertigt habe. Daß es sich um

Henny handelte, schließe ich aus dem noch existierenden Foto der Büste und der Tatsache, daß die andere vom Alter her in Frage kommende »Frau Freud«, nämlich Ernsts Frau Lucie, zur Zeit der Anfertigung auf Hiddensee weilte.

94 Sigmund Freud – Martha Freud, 7. 10. 1929; Sigmund Freud Papers, Library of Congress.

95 Sigmund Freud – Martha Freud, 16. 9. 1928; Sigmund Freud Papers, Library of Congress.

96 Sigmund Freud – Martha Freud, 8. 9. 1928; Sigmund Freud Papers, Library of Congress.

97 Sigmund Freud – Martha Freud, 1. 6. 1930; Sigmund Freud Papers, Library of Congress.

98 Freundliche Auskunft der »Insel Information Hiddensee« in Vitte.

99 Die biographischen Angaben zu Abraham, Eitingon und Sachs folgen im wesentlichen Wittenberger & Tögel (1999), S. 249–252, 259 f.

100 Freud (1965a), S. 61.

101 Sigmund Freud – Karl Abraham, 23. 2. 1919; Sigmund Freud Papers, Library of Congress.

102 Karl Abraham – Sigmund Freud, 10. 12. 1913; Sigmund Freud Papers, Library of Congress.

103 Freud (1965a), S. 189 f.

104 Freud (1965a), S. 191.

105 Karl Abraham – Sigmund Freud, 14. 9. 1919; Sigmund Freud Papers, Library of Congress.

106 Freud (2004).

107 Vgl. dazu u. a. Schröter (1997), Etkind (1997).

108 Freud (2004), Bd. 1, S. 12 f.

109 Freud (2004), Bd. 1, S. 86.

110 Sachs (1982), S. 1.

111 Jones (1960–1962), Bd. 2, S. 187.

112 Rothe & Weber (2001), Bd. 1, S. 139.

113 Freud (1923g), S. 441.

114 Eitingon (1922), S. 506.

115 Sigmund Freud – Hans Vaihinger, 6. 10. 1922; Staats- und Universitätsbibliothek Bremen. Ich bedanke mich ganz herzlich bei Gerhard Fichtner für den Hinweis auf diesen Brief.

116 Diese psychologische Richtung betrachtet die Gestalt in der Psychologie, besonders in der Wahrnehmungspsychologie, als

allgemeines Prinzip und hebt sich damit von der Assoziations-
psychologie ab.

117 Der Begründer der Gestaltpsychologie, Christian von Ehren-
fels, sprach 1908 zweimal vor der Wiener Psychoanalytischen
Vereinigung und hat später auch gelegentlich Briefe mit Freud
gewechselt.

118 Freud (1960a).

119 Freud & Darkschewitsch (1886b).

120 Tögel (1989).

121 Vgl. Tögel (1999).

122 Doege (1999), S. 32.

123 Ebenda, S. 34.

124 Freud (1960a), S. 266 f.

125 Sieht man davon ab, daß Schnitzler möglicherweise am
15. Oktober 1886 Freuds Vortrag »Über männliche Hysterie«
vor der k. k. Gesellschaft der Ärzte hörte; vgl. Worbs (1983),
S. 236.

126 Freud (1960a), S. 357.

127 Worbs (1983), S. 222.

128 Ebenda.

129 Freud (1992a), S. 175.

130 Vgl. Anhang.

131 Sigmund Freud – Anna Freud, 29. 12. 1926; Sigmund Freud
Papers, Library of Congress.

132 Freud (1992g), Bd. III/2, S. 126.

133 Albert Einstein – Heinrich Meng, 15. 2. 1928; Sigmund Freud
Papers, Library of Congress.

134 Tögel (2001), S. 103.

135 Albert Einstein – Sigmund Freud, 4. 5. 1939; Sigmund Freud
Papers, Library of Congress.

136 Sigmund Freud – Anna Freud, 27. 12. 1926; Sigmund Freud
Papers, Library of Congress.

137 Programm der Theatersammlung des Stadtarchivs Berlin.

138 Freud (1992g), Bd. III/2, S. 126.

139 Freud (2004), S. 604.

140 Sigmund Freud – Martha Freud, 1. 9. 1928; Sigmund Freud
Papers, Library of Congress.

141 Blankenstein (2005).

142 Sigmund Freud – Martha Freud, 4. 9. 1928; Sigmund Freud
Papers, Library of Congress.

143 Sigmund Freud – Martha Freud, 8. 9. 1928; Sigmund Freud Papers, Library of Congress.

144 Sigmund Freud – Martha Freud, 16. 9. 1928; Sigmund Freud Papers, Library of Congress.

145 Sigmund Freud – Martha Freud, 26. 9. 1928; Sigmund Freud Papers, Library of Congress.

146 Sigmund Freud – Martha Freud, 2. 10. 1928; Sigmund Freud Papers, Library of Congress.

147 Sigmund Freud – Martha Freud, 17. 10. 1928; Sigmund Freud Papers, Library of Congress.

148 Freud (1995g), S. 182.

149 Sigmund Freud – Hans Lamp, 2. 6. 1929; Freud Museum London.

150 Heinrich Heine, Buch der Lieder, Lieder 8.

151 Freud (2004), S. 656 f.

152 Sigmund Freud – Martha Freud, 7. 10. 1929; Sigmund Freud Papers, Library of Congress.

153 Sigmund Freud – Martha Freud, 10. 10. 1929; Sigmund Freud Papers, Library of Congress.

154 Freud (1980d).

155 Freud (2004), S. 674.

156 Sigmund Freud – Martha Freud, 6. 5. 1930; Sigmund Freud Papers, Library of Congress.

157 Sigmund Freud – Martha Freud, 7. 6. 1930; Sigmund Freud Papers, Library of Congress.

158 Sigmund Freud – Martha Freud, 26. 6. 1930; Sigmund Freud Papers, Library of Congress.

159 Sigmund Freud – Martha Freud, 11. 7. 1930; Sigmund Freud Papers, Library of Congress.

160 Persönliche Mitteilung von Felix Blankenstein, 23. 8. 2005.

161 Gach (2004).

162 Jones (1960–1962), Bd. 3, S. 194, 540; Romm (1983), S. 99 ff.

163 Jones (1960–1962), Bd. 3, S. 290.

164 Sigmund Freud – Ernst Freud, 17. 6. 1928; Sigmund Freud Papers, Library of Congress.

165 Simmel (1927), S. 245; vgl. auch den Auszug aus der Broschüre des Sanatoriums im Anhang dieses Buches.

166 Sigmund Freud – Martha Freud, 31. 8. 1928; Sigmund Freud Papers, Library of Congress.

167 Ebenda.

168 Sigmund Freud – Martha Freud, 31. 8. 1928; Sigmund Freud Papers, Library of Congress.

169 Sigmund Freud – Martha Freud, 24. 5. 1930; Sigmund Freud Papers, Library of Congress.

170 Zitiert nach Clark (1981), S. 544.

171 Sigmund Freud – Samuel Freud, 6. 12. 1928; Archives of the Sigmund Freud Copyrights Limited.

172 Sigmund Freud – Martha Freud, 22. 6. 1930; Sigmund Freud Papers, Library of Congress.

173 Die Weltkraftkonferenz versammelte Techniker, Ingenieure und Wissenschaftler, um Energieprobleme zu erörtern.

174 Sigmund Freud – Martha Freud, 16. 10. 1929; Sigmund Freud Papers, Library of Congress.

175 Sigmund Freud – Martha Freud, 16. 9. 1928; Sigmund Freud Papers, Library of Congress.

176 Sigmund Freud – Martha Freud, 9. 7. 1930; Sigmund Freud Papers, Library of Congress.

177 Zweig (1927).

178 Freud (1968a), S. 9.

179 Zweig (1912).

180 Freud (1968a), S. 10.

181 Sigmund Freud – Martha Freud, 5. 7. 1930; Sigmund Freud Papers, Library of Congress.

182 Prinzessin Marie Bonaparte (1882–1962) war eine Urgroß-nichte von Napoleon. Sie war mit Prinz Georg von Griechen-land verheiratet. 1925 wurde sie erst Patientin und dann Schülerin Freuds. Die Psychoanalyse wurde von ihr finanziell unterstützt, sie übersetzte viele von Freuds Schriften und trug maßgeblich dazu bei, daß Freud 1938 das von den Nazis be-setzte Österreich verlassen konnte; vgl. Bertin (1989).

183 Zweig (1996), S. 338.

184 Freud & Breuer (1895d), S. 227.

185 Freud (1960a), S. 318.

186 Freud (1935d), S. 764.

187 Vgl. Freud (1989a), S. 192.

188 Freud (1985s), S. 48.

189 Sigmund Freud – Martha Freud, 6. 10. 1929; Sigmund Freud Papers, Library of Congress.

190 Freud (1937d), S. 46.

191 Vgl. Freud (1996), S. 161.

192 Sigmund Freud – Martha Freud, 18. 9. 1929; Sigmund Freud Papers, Library of Congress.

193 Sigmund Freud – Martha Freud, 20. 9. 1929; Sigmund Freud Papers, Library of Congress.

194 Sigmund Freud – Martha Freud, 23. 9. 1929; Sigmund Freud Papers, Library of Congress.

195 Sigmund Freud – Martha Freud, 3. 10. 1929; Sigmund Freud Papers, Library of Congress.

196 Sigmund Freud – Martha Freud, 12. 5. 1930; Sigmund Freud Papers, Library of Congress.

197 Sigmund Freud – Martha Freud, 9. 5. 1930; Sigmund Freud Papers, Library of Congress.

198 Sigmund Freud – Ernst Freud, 20. 9. 1931; Sigmund Freud Papers, Library of Congress.

199 Carl Heinrich Becker (1876–1933), seit 1921 preußischer Minister für Wissenschaft, Kunst und Volksbildung. Zu dem Besuch Beckers in Tegel vgl. Simmel (1940).

200 Freud (1987b), S. 677 f.

201 Theodor Meynert (1833–1893), Professor der Psychiatrie in Wien, berühmter Gehirnanatom; Hermann Nothnagel (1841–1905), Professor der Inneren Medizin.

202 Ernst Wilhelm von Brücke (1819–1892), Professor der Physiologie und Direktor des Physiologischen Instituts in Wien, wo Freud von 1876 bis 1882 tätig war.

203 Jacques Loeb (1859–1924), berühmter Biologe, der 1885 in Straßburg promovierte.

204 Zur Disposition.

Abbildungsverzeichnis
und Bildnachweis

»Man muß sich die Kunden des Aufbau-Verlages als glückliche Menschen vorstellen.«

SÜDDEUTSCHE ZEITUNG

Streifzüge mit Büchern und Autoren:
Das Kundenmagazin der Aufbau Verlagsgruppe erhalten Sie kostenlos in Ihrer Buchhandlung und als Download unter www.aufbau-verlag.de.

Sigmund Freud
Unser Herz zeigt
nach dem Süden
Reisebriefe 1895–1923
Herausgegeben von Christfried Tögel
unter Mitarbeit von Michael Molnar
Mit 152 Abbildungen
422 Seiten. Gebunden, Leseband
ISBN 3-351-02944-6

»Freud auf Reisen ist eine hinreißende Entdeckung.« SÜDDEUTSCHE ZEITUNG

In den erstmals veröffentlichten Reisebriefen Sigmund Freuds an seine Familie entdecken wir eine andere Seite des Begründers der Psychoanalyse: den genußfreudigen Sinnenmenschen, dessen Erlebnisfähigkeit grenzenlos zu sein scheint.

»Nichts verweist da auf den Erfinder der Seelenkunde, außer dem Glitzern der Sprachkraft auch im kleinsten Detail.« F.A.Z.

»So lernt man ganz nebenbei ihn selbst kennen, seine Marotten, seine Neugier, seinen Blick auf die Dinge, seine Ausdauer, Selbstanklagen, seine Lust, sich zu inszenieren.« FOCUS

aufbau
VERLAG

Mehr Informationen über Sachbücher bei Aufbau erhalten
Sie unter www.aufbau-verlag.de oder von Ihrem Buchhändler

Anna Freud-Bernays
Eine Wienerin in
New York
Die Erinnerungen
der Schwester Sigmund Freuds
Hrsg. von Christfried Tögel
Mit 24 Abbildungen
272 Seiten. Gebunden
ISBN 3-351-02566-1

Ein Beitrag zum Freudschen Familienroman

Die jüngere Schwester Sigmund Freuds erzählt von ihrer Kindheit und Jugend im Wien der k.u.k. Monarchie und dem Aufbruch in die Neue Welt, wo sie über 60 Jahre lang lebte. Die Erinnerungen, plastisch und unprätentiös geschrieben, leben vom Temperament der Verfasserin – einer vielseitig interessierten, selbstbewußten Wienerin, die nach New York auswanderte, sich dort einlebte, fortan zwischen Amerika und Europa hin und her reiste und die Sehnsucht nach Wien nie verlor. Was ihre Memoiren so lesenswert und sympathisch macht, ist das Selbstvertrauen, mit dem sie ihr Lebens in prägnanten Szenen Revue passieren läßt. Ein fast unbekanntes Dokument im Umkreis der Familie Freud.

Weitere Informationen erhalten Sie unter
www.aufbau-verlag.de oder in Ihrer Buchhandlung

Arnold Zweig
Freundschaft mit Freud
Ein Bericht
Berliner Ausgabe, Band III/5
392 Seiten. Gebunden
ISBN 3-351-03425-3

Erstmalige Veröffentlichung

Arnold Zweigs autobiographischer Bericht über seine
Freundschaft mit Sigmund Freud. Die Erinnerungen an
Begegnungen und Gespräche zwischen 1927 und 1939,
gestützt auf den umfangreichen Briefwechsel mit Freud,
entwerfen einen kulturhistorischen Abriß dieser Zeit:
Aktuelle politische Ereignisse ebenso berührend wie
Probleme des Judentums und Fragen der Psychoanalyse.
Sigmund Freuds Tochter Anna schrieb dem Autor nach ihrer
Lektüre des Manuskriptes: »Ich finde das Ganze ganz beson-
ders schön, eigentlich aufregend schön. Die Art, wie Sie das
Bild langsam entwickeln, durch Ihre eigene Person hindurch
gesehen, verbunden mit dem Bild der ganzen Zeit, ist so, wie
es eben kein Biograph kann, nur ein Dichter und
Schriftsteller.«

**»Wenn irgendeiner, dann können Sie, ohne ins Platte zu
fallen, Freud einem großen Publikum so darstellen, daß
es ihn begreift.«** LION FEUCHTWANGER

aufbau
VERLAG

Weitere Informationen erhalten Sie unter
www.aufbau-verlag.de oder in Ihrer Buchhandlung

Sigmund Freud und Familie bei Aufbau Taschenbuch

CHRISTFRIED TÖGEL
Freud für Eilige
Traumdeutung, Ödipuskomplex, die Couch – was Sie über Freud wissen möchten, werden sie hier erfahren. Christfried Tögel informiert über wesentliche Stationen auf dem Weg der Entdeckung des Unbewußten und vermittelt ein eindrucksvolles Bild von Freuds Persönlichkeit.
Mit 6 Abbildungen. 232 Seiten.
AtV 2110-0

CHRISTFRIED TÖGEL
Freud und Berlin
»Berlin ist ein schwieriger, aber bedeutungsvoller Boden.« Schon in jungen Jahren fühlte sich Freud von der deutschen Hauptstadt angezogen. Wiederholt hielt er sich hier bei Kollegen, Mitstreitern und Schülern auf. Auch seine Schwester Maria sowie die Söhne Ernst und Oliver lebten mit ihren Familien in Berlin. Ein spannendes Kapitel aus Freuds Biographie, bereichert durch zahlreiche Dokumente und Briefe.
Mit 37 Abbildungen.211 Seiten.
AtV 2188-7

KATJA BEHLING
Martha Freud
Die Frau des Genies
Wer war Martha Bernays, die nach langer Verlobungszeit gegen den Widerstand der Mutter den Arzt Sigmund Freud heiratete und ihn über 50 Jahre als Frau und Mutter von sechs Kindern begleitete? Wie fühlte sie sich, aus einer traditionsreichen jüdischen Familie stammend, in einem Haushalt ohne religiösen Hintergrund? Der Enkel Anton W. Freud erinnert sich seiner Großmutter als einer Persönlichkeit, die mit Umsicht und Tatkraft das Unternehmen Berggasse 19 steuerte.
Mit 26 Abbildungen. 266 Seiten.
AtV 1858-4

GÜNTER GÖDDE
Mathilde Freud
Sigmund Freuds Tochter in Briefen und Selbstzeugnissen
Ein seltener Fund war Anstoß für die erste biographische Studie über die älteste Tochter Freuds. Auf Grundlage der neuentdeckten Briefe Mathildes an ihren Freund Eugen Pachmayr wird die Lebensgeschichte einer jungen Frau aus berühmtem Hause erzählt. Ihr Weg führte sie von Wien in die Emigration nach London, wo sie als Modedesignerin und Geschäftsfrau tätig war und 1978 im Alter von 90 Jahren starb.
Mit 27 Abbildungen. 429 Seiten.
AtV 2144-5

Mehr unter www.aufbau-verlag.de oder bei Ihrem Buchhändler.

Biographien von Frauen über Frauen

SABINE KEBIR
Helene Weigel
Abstieg in den Ruhm
Als »lärmendste Schauspielerin
Berlins« machte sich Helene
Weigel in den zwanziger Jahren
einen Namen, als Bertolt Brechts
»Primadonna im proletarischen
Gewand« erlangte sie Weltruhm.
Sabine Kebir, bekannt durch
provokante Studien über Brecht
und seine Mitarbeiterinnen, re-
konstruiert das Bild einer unge-
wöhnlichen Frau, die sich in der
Kunst und in ihrem Leben als
couragierte Avantgardistin weib-
licher Emanzipation behauptete.
»Eine erstklassige Biographie.«
TAGESSPIEGEL
Biographie. 425 Seiten.
28 Abbildungen. AtV 1820

GEORGIA VAN DER ROHE
La donna è mobile
Mein bedingungsloses Leben
Genug war nie genug in diesem
Leben voller Extravaganz: Georgia
van der Rohe, als Tochter des bedeutenden Architekten Mies van
der Rohe 1914 in Berlin geboren,
machte als Tänzerin, Schauspielerin
und Filmregisseurin international
Karriere. Ihre Memoiren zeugen
vom Leben einer Frau, die ihrem
Leidenschaften bedingungslos folgte und dennoch immer autonom
blieb. »Die Geschichte einer leiden-
schaftlichen und klugen Frau.«
ELLE
381 Seiten. 34 Abbildungen.
AtV 1876

KATJA BEHLING
Martha Freud
Die Frau des Genies
Eine bemerkenswerte Frau (1861
bis 1951), die durch ihre Treue und
Standfestigkeit zum Gelingen des-
sen beitrug, was unter dem Namen
»Psychoanalyse« von Wien ausging.
A. W. Freud erinnert sich seiner
Großmutter als einer Persönlich-
keit, die mit Umsicht und Tatkraft
das Unternehmen Berggasse 19
steuerte.
Mit einem Vorwort von A. W. Freud.
266 Seiten. Mit 26 Abbildungen.
AtV 1858

DOROTHEA VON TÖRNE
Brigitte Reimann
Einfach wirklich leben
Brigitte Reimann ist zur Symbol-
figur eines unangepaßten, leiden-
schaftlichen Lebensstils geworden.
Wie war sie wirklich? Dorothea
von Törne geht in ihrer anschauli-
chen Biographie den wichtigsten
Stationen dieses kurzen Lebens
nach.
»Sie hat exzessiv gelebt, voller
Unrast und Verlangen nach Liebe,
ihre Lebenskerze war an beiden
Enden angezündet – wer leuchten
will, muß brennen.«
BERLINER ZEITUNG
Biographie. Mit 23 Fotos. 300 Seiten.
AtV 1652

Von Dichtern und Dichterfrauen: Biographien bei AtV

**EDDA ZIEGLER
GOTTHARD ERLER
Theodor Fontane**
Lebensraum und Phantasiewelt
Diese unkonventionelle Biographie beleuchtet das Thema Fontane und die Frauen: die realen seines Lebenskreises und die Sehnsuchtsgestalten seiner künstlerischen Phantasie. Eine ungewöhnliche Bildauswahl gibt dem Band optischen Reiz und atmosphärische Dichte.
Eine Biographie. 324 Seiten. Mit 123 Schwarzweiß- und 45 Farbabbildungen. AtV 1838

**GOTTHARD ERLER
Das Herz bleibt immer jung**
Emilie Fontane
Aus unsicheren Verhältnissen stammend und ohne den Schutz einer intakten Familie aufgewachsen, durchlebte Emilie Fontane geb. Rouanet-Kummer (1824–1902) an der Seite ihres Mannes Höhen und Tiefen. Ihr kommunikatives Naturell und ein ausgesprochenes Talent zur Freundschaft halfen ihr über viele krisenhafte Situationen hinweg. Die Geschichte dieser vielseitigen Frau eröffnet überraschende Innenansichten.
Biographie. 460 Seiten. AtV 1138

**JENNY WILLIAMS
Mehr Leben als eins**
Hans Fallada
Hans Fallada lebte viele Leben: als Trinker, Morphinist, Gefängnisinsasse, als liebevoller Familienvater und manischer Schreiber. »Immer wieder haben Forscher versucht, das Schicksal von Rudolf Ditzen, wie der Autor eigentlich hieß, in den Büchern von Hans Fallada zu entdecken. Noch nie aber ist das so überzeugend gelungen wie in der Biographie der irischen Germanistin Jenny Williams.« FAZ
Biographie. Aus dem Englischen von Hans-Christian Oeser. 391 Seiten. Mit 36 Abbildungen. AtV 1182

**JULIA MANN
Ich spreche so gern mit meinen Kindern**
Erinnerungen, Skizzen, Briefwechsel mit Heinrich Mann
Julia Mann war eine leidenschaftliche Dichtermutter. Ihrem Stolz auf die Schriftstellersöhne Heinrich und Thomas entsprach die Sorge um das Schicksal ihrer Tochter Carla und die Genugtuung über die gute Partie Julias. Nichts galt ihr mehr als die Übereinstimmung zwischen den Geschwistern. Die Versöhnung von Heinrich und Thomas im Jahre 1921 wurde ihr größter Triumph.
360 Seiten. Mit 23 Abbildungen. AtV 1041

Mehr Informationen erhalten Sie unter www.aufbau-verlag.de oder bei Ihrem Buchhändler

Faszination des Alltäglichen.
Das 20. Jahrhundert bei AtV

LEONHARD FRANK
Die Räuberbande
Wenn sie sich nachts im alten
Würzburger Festungsgraben
treffen, heißen sie Winnetou,
Old Shatterhand, Falkenauge,
Rote Wolke. Bei Tage sind sie
Lehrjungen, die ihren Meister
genauso fürchten wie den stock-
schwingenden Lehrer Mager.
Noch hält sie der Wille zur Auf-
lehnung zusammen, doch die
Unterordnung legt überall Fallen
und Schlingen.
Roman. 267 Seiten. AtV 1436

MARTIN ANDERSEN NEXÖ
Ditte Menschenkind
Dittes Güte, ihre Mitmenschlich-
keit und ihr Frohsinn halten der
zerstörerischen Gewalt des Lebens
nicht stand. Behaftet mit dem Ma-
kel des Ausgestoßenseins und der
Heimatlosigkeit, erliegt sie dem
Kreislauf von Armut, Erniedrigung
und Hoffnungslosigkeit.
*Aus dem Dänischen von Hermann
Kiy. Mit einem Nachwort von Tilman
Spreckelsen. 731 Seiten. AtV 5123*

ARNOLD ZWEIG
Junge Frau von 1914
Endlich kann Lenore Wahl, behü-
tete Tochter aus gutem Hause, ihre
Verbindung mit Bertin, dem mit-
tellosen, unbekannten Schriftsteller
und Soldaten an der Westfront,
durchsetzen. Aber sie hat nicht
nur diesen Kampf hinter sich,
sondern auch den Konflikt einer
ungewollten Schwangerschaft
und die schwere Entscheidung
zur Abtreibung.
*Roman. Mit einem Nachwort und
Anmerkungen von Eva Kaufmann.
392 Seiten. AtV 5210*

EGON ERWIN KISCH
Der rasende Reporter
Der Titel dieser Reportagensamm-
lung blieb ihm als Beiname erhalten: Kisch, der rasende Reporter,
der durch Länder und Zeiten
hetzt, wagemutig, verwegen, beses-
sen. Anfang der zwanziger Jahre
durchstreift er die großen Städte
Europas, spürt die Faszination des
Alltäglichen auf, die Vielgestaltig-
keit modernen Lebens.
361 Seiten. AtV 5051

*Mehr Informationen erhalten Sie unter
www.aufbau-verlag.de oder bei Ihrem
Buchhändler*

Magie, Traum, Wirklichkeit: Gegenwartsliteratur bei AtV

BARBARA FRISCHMUTH
Die Entschlüsselung

»Wie ein minuziös recherchierter Kriminalroman führt das Buch in die furchtbar schöne Steiermark mit ihren Originalschauplätzen der nicht allzu lang vergangenen Nazi-Geschichte und weiter zurück in die mythische Vorzeit der Druiden.«
NEUE ZÜRCHER ZEITUNG
»Barbara Frischmuth verdreht dem Leser mit einem ungewöhnlichen literarischen Puzzle den Kopf.«
DEUTSCHLANDRADIO
195 Seiten. AtV 1943

HANSJÖRG SCHERTENLEIB
Von Hund zu Hund
Geschichten aus dem Koffer des Apothekers

»Die Geschichten enthalten ein Geheimnis, das Schertenleibs lakonische Beschreibungsprosa um neue, fast kafkaeske Nuancen bereichert. Manchmal verdichten sich die Alltagsdetails und spröden Aussagesätze zu einer somnambulen Magie.« TAGESANZEIGER
208 Seiten. AtV 1912

LENKA REINEROVÁ
Das Traumcafé einer Pragerin

In all ihren Erzählungen beschreibt Lenka Reinerová, eine der letzten Zeitzeuginnen der Emigration, Stationen ihres Lebens – das Prag der dreißiger Jahre, das Exil in Frankreich und Mexiko, den Stalinismus in den Fünfzigern und jüngste Erfahrungen. Trotz aller bitteren, furchtbaren Geschehnisse sind es menschen- und lebensfreundliche Erinnerungen, weise und wehmütig.
2003 erhielt Lenka Reinerová mit Jorge Semprún die Goethe-Medaille des Goethe-Instituts Inter Nationes für ihre stete Würdigung der deutschen Sprache und ihren Beitrag gegen das Vergessen.
Erzählungen. 269 Seiten. AtV 1168

KLAUS SCHLESINGER
Trug

Klaus Schlesinger treibt ein perfektes, suggestives Vexierspiel um zwei Identitäten und zwei Lebensentwürfe im geteilten Deutschland.
»Schlesingers letzter Roman schließt auf eine paradoxe Weise Anfang und Ende eines Lebenswerks zusammen. Schlesinger ist ein begnadeter Erzähler gewesen.«
FRANKFURTER RUNDSCHAU
Roman. 190 Seiten. AtV 1785

Mehr Informationen erhalten Sie unter www.aufbau-verlag.de oder bei Ihrem Buchhändler

»Briefe sind besser als Zeugen.« Deutsches Sprichwort

CHRISTA WOLF
FRANZ FÜHMANN
Monsieur – wir finden uns wieder. *Briefe 1968–1984*
»Wer wirklich wissen will, wie eingeengt sich Schriftsteller unter den Bedingungen einer Partei- und Staatsdiktatur zu behaupten versucht haben, der lese den Briefwechsel zwischen Christa Wolf und Franz Fühmann aus den Jahren 1968-1984. Mir hat die Lektüre dieser Briefe noch einmal deutlich gemacht, wieviel Anlässe wir im Westen haben, unseren ostdeutschen Kollegen mit Hochachtung zu begegnen. Im Zweifelsfall haben sie jenen Mut bewiesen, den viele von uns nicht unter Beweis stellen mußten ...« Günter Grass
Herausgegeben von Angela Drescher. Mit 31 Abbildungen. 223 Seiten. AtV 1449

CHRISTA WOLF
ANNA SEGHERS
Das dicht besetzte Leben
Briefe, Gespräche und Essays
Als sie einander wegen eines Interviews kennenlernten, war Anna Seghers durch ihren Roman »Das siebte Kreuz« bereits weltbekannt, Christa Wolf aber schrieb gerade ihre erste Novelle. Dennoch entwickelte sich rasch eine Freundschaft, die man nun in der Korrespondenz nachvollziehen kann. Essays und Gespräche, in denen Christa Wolf versuchte, den Zauber und Zwiespalt der Bücher von Anna Seghers zu beschreiben, ergänzen die Briefe.
Herausgegeben von Angela Drescher. 236 Seiten. AtV 1424

BRIGITTE REIMANN
CHRISTA WOLF
Sei gegrüßt und lebe
Eine Freundschaft in Briefen 1964–1973
Brigitte Reimann und Christa Wolf lernten sich 1963 kennen. Es war der Beginn einer Freundschaft zweier eigenwilliger Frauen, die sich in ihrem Anderssein akzeptierten. Für beide waren es krisenhafte Jahre, durchzogen von persönlichen Konflikten, bedrohlichen Erkrankungen und politischen Spannungen. Vom Tod überschattet, handelt ihre Korrespondenz gleichwohl vom intensiven Leben, zu dem eine der anderen Mut machte.
Herausgegeben von Angela Drescher. 190 Seiten. AtV 1532

Mehr Informationen erhalten Sie unter www.aufbau-verlag.de oder bei Ihrem Buchhändler

Machen Sie's kurz!
Klassiker für Eilige

KARLA REIMERT
Kafka für Eilige
Wie oft findet sich der Leser als
»umgedrehter Käfer« vor Franz
Kafkas heller und doch unergründ-
licher Prosa wieder, nur hilflos aus-
gestattet mit dem Begriff des
»Kafkaesken«? Karla Reimert nähert
sich dem Prager Autor und seinen
Artisten, Asketen und Angestellten
auf beherzte Art und erzählt seine
Romane, Erzählungen und biographischen Schriften ganz anschaulich, humorvoll und geistreich nach.
224 Seiten. AtV 2019

MAREI GERKEN
Proust für Eilige
Keine Zeit für Proust? Zwar ahnen
wir, daß uns etwas Wunderbares
entgeht, doch läßt der Umfang von
»Auf der Suche nach der verlorenen
Zeit« die meisten Leser vor dem
berühmten Werk zurückschrecken.
Dieses Buch schafft Abhilfe – aber
Vorsicht!, nur für kurze Zeit, denn
eines weiß man danach mit Gewißheit: Es entgeht einem etwas Wunderbares, wenn man sich keine Zeit
für Proust nimmt.
»Appetithappen!« Main-Echo
224 Seiten. AtV 1966

TORSTEN STEINBERG
Heine für Eilige
»Mein Herz, mein Herz ist traurig/
Doch lustig leuchtet der Mai« –
diese Verszeilen hat wohl jeder auf
den Lippen, denkt er an Heinrich
Heine. Doch wer kennt heute noch
die »Romantische Schule«, die
»Memoiren des Herrn Schnabele-
wopski« oder die »Reisebilder«, für
die der Dichter schon zu Lebzeiten
hochgeachtet und berüchtigt war?
Torsten Steinberg zeigt neue Wege,

sich diesem »vielleicht größten
deutschen Dichter nach Goethe«
anzunähern.
201 Seiten. AtV 1948

KERSTIN DECKER
Oscar Wilde für Eilige
»Das Gespenst von Canterville« ist
Wildes meistgelesene Erzählung.
Berühmtheit erlangte er mit seinem
einzigen Roman »Das Bildnis des
Dorian Gray«. Seine Kunstmärchen
gehören zu den schönsten der Weltliteratur, und »Bunbury oder Ernst
sein ist alles« ist eine der genialsten
Gesellschaftskomödien überhaupt.
Die Nacherzählerin Kerstin Decker
hält sich streng an den Grundsatz,
daß ein Autor alles darf, nur nicht
langweilen.
168 Seiten. AtV 2054

Mehr Informationen erhalten Sie unter
www.auf bau-verlag.de oder bei Ihrem
Buchhändler